Klaus A. Lietzau

Drechseln
für Einsteiger

Schritt für Schritt
in 175 Bildern
unter Mitarbeit
von Günter Wiegand

Augustus Verlag Augsburg

Inhalt

Vorwort 5
Werkzeug und Ausrüstung 6
Drechselbank 6
Drechselwerkzeug 8
Werkzeug zum Schärfen 9
Werkzeug zum Messen
    und Anreißen 10
Holz 10

**Grundlegende
Arbeitstechniken** 13
Schärfen 13
Abziehen 16
Haltung
    der Drechselwerkzeuge 17
– Verwendung der einzelnen
    Werkzeuge 18
– Schruppen 18
– Schlichten 18
Rundstäbe und Platten 21
Hohlkehlen 23
Karnies 25
Freies Drechseln 28
Schleifen des Werkstücks 31

Drechseln in Langholz 33
Kugel 33
Eierbecher 36
Schubladenknopf 38
Gardinenring 40
Tisch- oder Stuhlbein
    mit Zargenvierkant 41
Kreisel 44

Drechseln in Querholz 45
Allgemeine Hinweise 45
Schale 48
Schmuckdose 52
Ring 56
Handspiegel 61

Größere Drechselarbeiten 65
Zeitungshalter 65
Windung (Flämische Säule) 70
Kronleuchter 75

Zum Autor 79

Vorwort

Der Verfasser führt den Leser im vorliegenden Buch in die Grundlagen des Drechselns ein, indem er Schritt für Schritt anhand von Bild und Text zum Gebrauch des Grundwerkzeugs an der Drechselbank anleitet. Die Beschränkung auf das Grundwerkzeug bedeutet jedoch keine Beschränkung in bezug auf die zu drechselnden Formen. Der Verfasser will im Gegenteil dazu anregen, das Drechseln in der Freizeit nicht nur auf die Herstellung von Tellern, Schalen und Dosen zu beschränken oder Kerzenhalter in immer neuen Variationen zu produzieren. Der Leser soll ein Gespür dafür bekommen, welche vielfältigen Möglichkeiten die Drechslerei bietet, von der Herstellung einfacher Gebrauchsgegenstände über schmückende oder verspielte Kleinigkeiten bis zu großen Arbeiten, für die viele Einzelteile gefertigt werden müssen.

Der Handel bietet dem Freizeithandwerker eine breite Palette an Maschinen und Werkzeugen. Daher wird im Rahmen dieser Einführung darauf verzichtet, Empfehlungen für die Einrichtung einer Werkstatt zu geben. Wer sich in seiner Freizeit mit der Drechslerei beschäftigt, sollte als Grundausstattung die wichtigsten Maschinen zur Holzbearbeitung haben, d. h. eine elektrische Säge (Stichsäge oder Bandsäge), eine Bohrmaschine, eventuell mit Bohrständer, vielleicht auch einen Elektrohobel und eine Oberfräse.

Welche Drechselbank angeschafft wird, entscheidet wohl in erster Linie das verfügbare Budget. Vor dem Kauf sollte man aber bedenken, daß die Größe der Drechselbank auch die Größe der zu bearbeitenden Werkstücke festlegt und begrenzt. Wer weiß, daß er sich nur mit kleinen Werkstücken beschäftigen wird und die Drechselbank z. B. im Modellbau, zum Bau von Puppenmöbeln oder zur Herstellung kleiner Gegenstände wie Salzstreuer usw. benötigt, der kommt sicher mit einem Vorsatzgerät zur Bohrmaschine aus. Wer jedoch vorhat, das Drechseln intensiver zu betreiben, und sich nicht von vornherein solche Beschränkungen auferlegen will, sollte sich ein größeres Standgerät, vielleicht auch eine Profi-Drechselbank anschaffen, mit der man sehr viel mehr Möglichkeiten zum Arbeiten hat.

Der Verfasser Klaus A. Lietzau ist Drechslermeister in Augsburg mit eigener Werkstatt. Die Fotos sind an seiner Drechselbank aufgenommen worden. Viele Aufnahmen entstanden während der Arbeit an den einzelnen Werkstücken, andere wurden nachgestellt, um die Bildaussage deutlicher werden zu lassen oder die Haltung des Werkzeugs besser zeigen zu können. Je nach der Arbeitssituation wechselt der Blickwinkel der Kamera. Die Angaben »links« und »rechts« im Text beziehen sich jedoch immer auf die Position, wie sie der Drechsler normalerweise an der Drechselbank einnimmt.

Bilder und Texte ermöglichen es dem Leser, die vorgestellten Arbeiten Schritt für Schritt nachzuvollziehen. Für das Arbeiten an der Drechselbank wünschen Verfasser und Verlag ihren Lesern viel Freude, Kreativität und Erfolg.

Werkzeug und Ausrüstung

Drechselbank

Die Drechselbank besteht aus dem Spindelstock mit Antrieb (Stufenscheibenantrieb mit Keilriemen, Flachriemen oder Zahngetriebe für verschiedene Geschwindigkeiten), dem Drechselbankbett, dem Reitstock mit Körnerspitze (entweder feststehend oder mitlaufend) und der Werkzeugauflage. Zum Aufspannen des Holzes werden für den Spindelstock unterschiedliche Aufspannwerkzeuge benötigt. Preiswert und vielseitig verwendbar ist das Schraubenfutter mit zylindri-

kann man so allerdings das Lager der Spindel beschädigen, daher also besser das Spundfutter nach dem Einspannen des Holzes aufspannen, wobei es jedoch schwieriger ist, das Werkstück genau zu zentrieren.

Werkstücke mit größerem Durchmesser und entsprechend höherem Gewicht werden mit Holz- oder Maschinenschrauben auf eine Planscheibe aufgeschraubt.

schem oder Holzschraubengewinde. Das Werkstück wird auf das Gewinde aufgeschraubt. Ebenfalls für viele Zwecke zu verwenden sind Spund- oder Einschlagfutter. Es gibt sie in verschiedenen Durchmessern (von 20 bis 80 mm). Das Holz wird an der Einspannseite konisch gedreht und mit einem schweren Hammer ins Spundfutter eingeschlagen. Bei einer schweren Profi-Drechselbank geschieht dies bei aufgespanntem Futter. Bei leichteren Heimwerker-Drechselbänken

Nicht ganz ungefährlich ist das Backenfutter, in dem das eingespannte Werkstück mit Innen- oder Außenbacken automatisch zentriert wird. Die Einspannbacken stehen bei Werkstücken mit größerem Durchmesser vor, so daß die Verletzungsgefahr sehr hoch ist. Beim Einsatz des Backenfutters sollten daher immer die entsprechenden Schutzvorrichtungen verwendet werden.

Zum Langholzdrehen geeignet ist der Vierzack-Mitnehmer, meist mit

DRECHSELBANK

Antriebsseite mit Spindelstock.
In die Spindel werden die Einspann-
werkzeuge eingesetzt (z. B. Mitnehmer,
Spundfutter, Backenfutter).

Arbeiten Sie nie mit stumpfem Werkzeug. Beim Schärfen setzen Sie eine Schutzbrille auf oder einen Sichtschirm. Noch ein einfacher Tip am Rande: Wenn Sie beim Arbeiten an der Drechselbank Ihre Ärmel auf-krempeln, schlagen Sie die Ärmel nach innen um, damit nicht der nach außen hängende Umschlag von einem rotierenden Werkstück oder der Drechselbank erfaßt werden kann.

Reitstockseite mit mitlaufender Körner-
spitze

Einspannwerkzeuge: Schraubenfutter,
Mitnehmer, Spundfutter, Backenfutter
mit Außen- und Innenbacken

Zentrierspitze. Auch Mitnehmer gibt es in unterschiedlichen Größen.
Im Unterschied zu den bisher beschriebenen Einspannwerkzeu-gen muß beim Mitnehmer jedoch das Holz zwischen Spindel und Reitstock eingespannt werden. Der Vierzack-Mitnehmer eignet sich also nicht zum freien Drechseln.
Sehr wichtig beim Umgang mit der Drechselbank und bei der Hand-habung der Werkzeuge ist die Beachtung der Sicherheitsbestim-mungen. Die Arbeit an der Drechsel-bank birgt sehr viele Gefahren, z. B. durch die hohe Drehgeschwin-digkeit, mit der die Drechselbank läuft, oder durch die Schneiden der Werkzeuge. Es ist daher wichtig, alle Sicherheitsvorschriften genau zu beachten. Schutzvorrichtungen, die die Gerätehersteller beim Einsatz ihrer Werkzeuge vorschreiben, soll-ten immer angebracht bleiben.

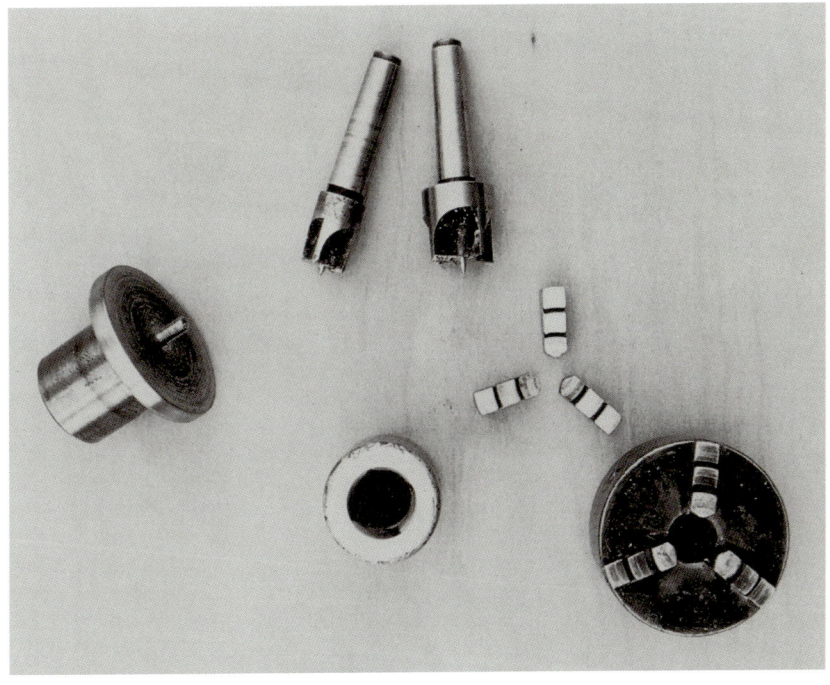

Drechselwerkzeug

Als Grundausstattung zum Drechseln benötigen Sie
– eine Schrupproöhre, 25 mm breit,
– eine Schlichtröhre, 20 mm breit,
– eine Formröhre, 16 mm breit,
– Drehmeißel, 20 und 25 mm breit,
– einen Flachmeißel, 25 mm breit, und
– einen Vierkantstahl, 10 mm breit.

Die Werkzeuge sollten aus mindestens 5 mm starkem gehärtetem Stahl bestehen. Am besten, aber auch am teuersten, sind HSS-Stähle. Ihre Schneiden bleiben lange scharf und müssen nicht so oft nachgeschliffen werden.

Alle Werkzeuge sollten einen langen Schaft haben, damit sie sich beim Drechseln sicher führen lassen. Einen solchen Werkzeugschaft kann man sich leicht selbst herstellen, wenn der Schaft der gekauften Werkzeuge zu kurz sein sollte.

An dieser Stelle ein Wort zu den Preisen für Werkzeuge und Ausrüstung: Wer sich ernsthaft mit der Drechslerei beschäftigen will, sollte

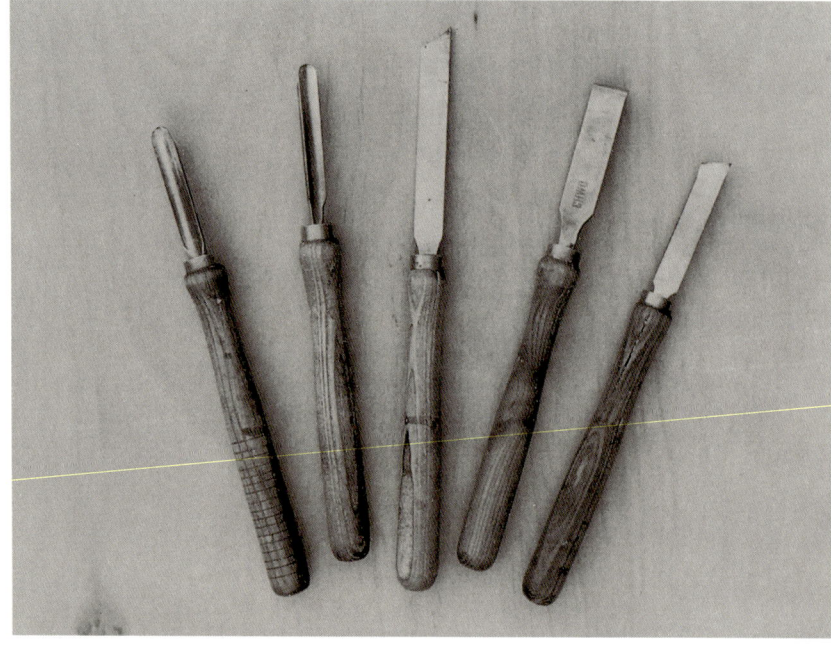

Grundausstattung an Drechslerwerkzeugen: Formröhre, Schrupproöhre, Flachmeißel, Drehmeißel, Flachstahl

Löffelbohrer mit unterschiedlichen Durchmessern

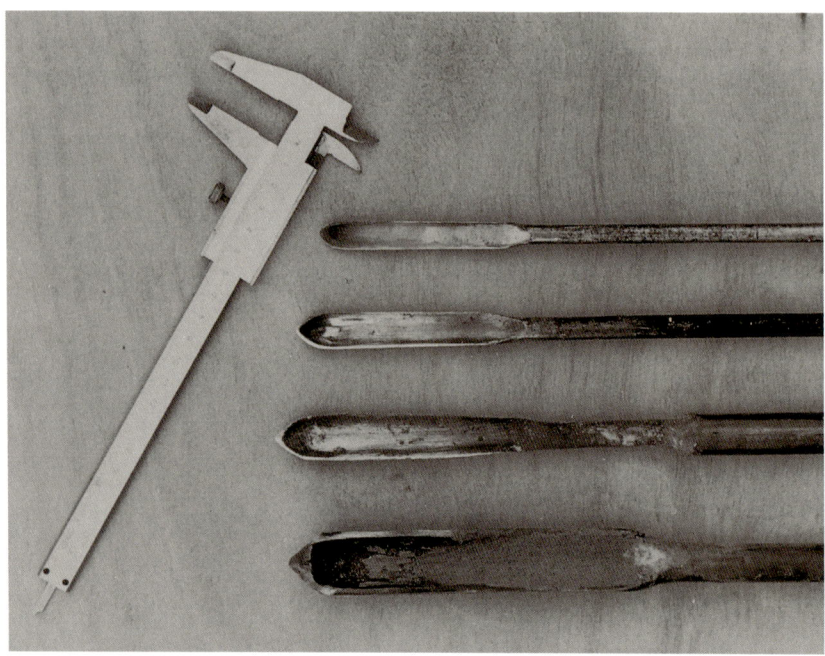

auf gutes Werkzeug achten. Das ist einerseits wichtig für die Arbeitssicherheit, denn gutes Werkzeug ist schwer, liegt gut in der Hand und hat dauerhafte, scharfe Schneiden. Zum anderen wird man mit billigem Werkzeug auf Dauer keine Kosten sparen, denn die Abnutzung der Schneide ist bei billigem Stahl ungleich größer, so daß Sie oft nachschleifen müssen. Irgendwann steigen Sie dann doch um auf gutes Werkzeug. Schließlich, mit etwas Glück, gibt es auch die Möglichkeit, bei einer Werkstattauflösung gebrauchtes Drechslerwerkzeug zu erstehen. Bezugsquellen für gutes Drechslerwerkzeug finden Sie am Schluß des Buches.

Zu den oben genannten gibt es eine Vielzahl weiterer Drechselwerkzeuge, z. B. Löffelbohrer, Ausdreh- oder Schabstähle, die teilweise für sehr spezielle Aufgaben entwickelt wurden. Ich arbeite hauptsächlich mit den Werkzeugen der Grundausstattung, und in diesem Buch soll vor allem zum sicheren Drechseln mit diesem Grundwerkzeug angeleitet werden. Spezielle Werkzeuge wie die Aus-

dreh- oder Schabstähle erfordern in der Regel viel Erfahrung und sollten von Anfängern möglichst gar nicht verwendet werden. Denn die Verletzungsgefahr und die Wahrscheinlichkeit, daß das Werkstück verdorben wird, ist bei ungeübtem Gebrauch sehr groß.

Werkzeug zum Schärfen

Eine der wichtigsten Vorarbeiten zum Drechseln ist das Schärfen der Werkzeuge. Es muß sehr sorgfältig ausgeführt werden, denn nur mit scharfem Werkzeug kann man gute Arbeit verrichten.

Zum Schärfen benötigt man eine Schleifmaschine mit einer Edelkorund- und einer Normalkorund- oder Sandsteinscheibe. Diese Schleifscheiben sind als Doppelschleifmaschinen im Handel. In meiner Werkstatt verwende ich eine Edelkorund-Schleifscheibe, die in die Drechselbank in das Futter der Spindel eingesetzt wird.

Schleifscheiben haben etwa 20 cm Durchmesser und sind 3–4 cm breit. Beim Schärfen rotiert der Stein immer gegen das Werkzeug. Bei der Verwendung einer Sandstein-Schleifscheibe ist darauf zu achten, daß der Sandstein immer gut naß sein muß. Wenn die Steine nach längerem Gebrauch an ihrer Schmalseite eine leichte Wölbung aufweisen, kann das den Schleifvorgang erleichtern. Auf keinen Fall dürfen sie an der Schmalseite hohl sein.

Um die Schleiffläche von Schleifstaub zu reinigen, der sich mit der Zeit im Stein festsetzt, und um sie wieder zu glätten, verwendet man Abrichter. Ich arbeite mit einem stabförmigen Abrichter, dessen Kopf drehbar gelagert ist. Das Entfernen des Schleifstaubs ist sehr wichtig, denn dieser erhitzt sich beim Schleifen sehr stark und kann dadurch die Schneide des Werkzeugs verbrennen, d. h. sie wird

Korundscheibe im Backenfutter der Drechselbank

Mit dem Abrichter wird die Schleiffläche der Korundscheibe geglättet.

blau und verliert an Schneidfähigkeit. Auf jeden Fall sollte man beim Schärfen am Schleifstein eine Schutzbrille aufsetzen, um die Augen vor Schleifstaub und abspritzenden Funken zu schützen.

Werkzeug zum Messen und Anreißen

Zum Messen und Anreißen von Abständen, Kreisen und Durchmessern benötigt der Drechsler verschiedene Werkzeuge. Dazu gehören neben einem Längenmaß (Zollstock) z. B. ein Spitzzirkel oder ein Bleistiftzirkel, an dessen einem Schenkel ein Bleistifthalter angebracht ist. Vorteilhaft sind Zirkel mit einer Feststellschraube, mit der die beiden Schenkel in einem bestimmten Winkel fixiert werden können. Außerdem wird eine Schieblehre benötigt, die zugleich am langen Schenkel einen Lochtaster haben sollte. Ein Anschlagwinkel dient zum Antragen und Prüfen von rechten Winkeln.

Holz

Beim Werkstoff Holz wird üblicherweise nach der Festigkeit unterschieden in Hartholz und Weichholz. Zu den Harthölzern zählen Buche, Eiche, Ahorn, Esche; zu den Weichhölzern gehören Erle, Kiefer, Linde, Fichte. Daneben werden in der Drechslerei auch exotische Hölzer wie Wengé, Pockholz, Meranti oder Ebenholz verwendet, ebenso Mahagoni, Sipo oder Zeder.

Aus Gründen des Naturschutzes ist die Verwendung tropischer Hölzer in den letzten Jahren zurückgegangen, so daß man sich beim Drechseln auf einheimische Hölzer beschränken sollte. Es gibt ja außer den genannten noch eine Vielzahl weiterer Holzarten, vom Holz der verschiedenen Obstbaumarten bis zu Sträuchern und Ziergehölzen.

Werkzeuge zum Messen und Anreißen: Winkel, Greifzirkel, Bleistiftzirkel, Schieblehre mit Tiefenmaßstab

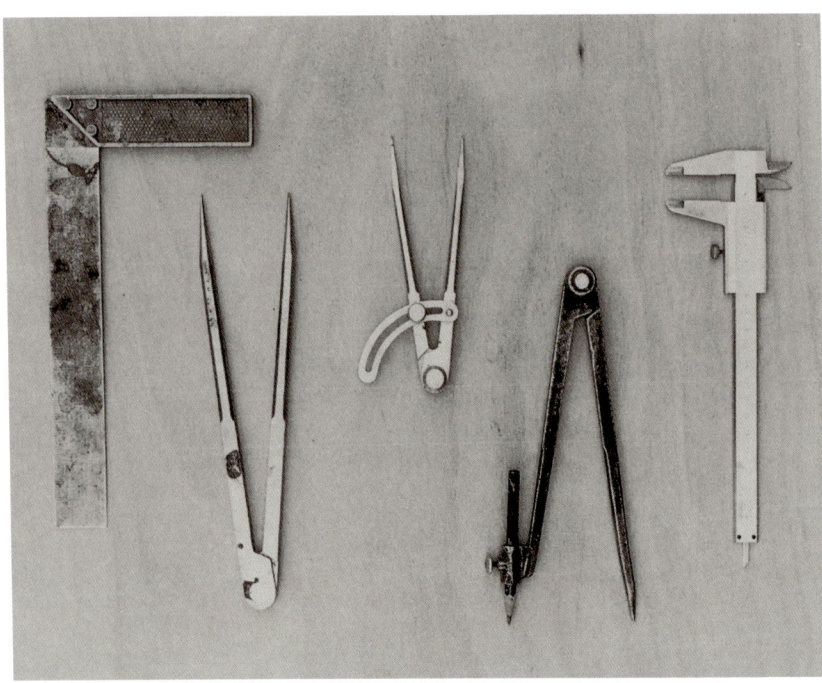

Fast aus jedem Holz lassen sich Drechslerarbeiten herstellen. Es ist reizvoll, viele verschiedene Holzarten auszuprobieren, jedoch nicht immer einfach, solche seltenen Stücke zu finden.

Um die charakteristischen Eigenschaften eines Holzes sinnvoll nutzen zu können, bedarf es einiger Erfahrung. Am Anfang sollte der Freizeitdrechsler daher preiswerte, leicht zu beschaffende Hölzer verwenden, für die ersten Übungen z. B. Buchenholz.

Bei gesägtem Holz (Brettern oder Bohlen) wird unterschieden zwischen einer linken und einer rechten Seite. Die linke Seite ist die dem Kern abgewandte Seite. Daher ist beim Einsatz von Hölzern immer darauf zu achten, wie die Maserung an der Stirnseite verläuft. Holz hat die Eigenschaft, sich stets auf der linken Seite zu verziehen. Dies muß man beachten beim Verleimen von Hölzern. So werden z. B. zwei Langholzstücke mit ihren linken Seiten gegeneinander geleimt. Beim Verleimen von Querholz, etwa als Vorbereitung zum Drechseln einer größeren Schale oder eines Tellers, sollten die Stücke so verleimt werden, daß die linken Seiten abwechselnd einmal oben und einmal unten sind. Auf diese Weise wird ein Gegenarbeiten des Holzes erreicht, so daß sich die Schale später nicht verzieht.

Am einfachsten zu bearbeiten ist astfreies Hartholz. Wenn Sie für Ihre Drechselarbeiten Fichtenholz oder andere Weichhölzer verarbeiten, müssen Sie besonders darauf achten, daß Ihr Werkzeug gut scharf ist. Halten Sie das Werkzeug so, daß Sie immer im Schnittwinkel arbeiten, d. h. daß die Schneide einen feinen, sauberen Span abhebt. Auf keinen Fall darf man bei Weichholz versuchen, zuviel Material in einem Arbeitsgang wegnehmen zu wollen. Wenn die Schneide des Werkzeugs in einem zu stumpfen Winkel zum Werkstück gehalten wird, wird sie das Holz aufreißen und damit die Form zerstören. Aufgerissenes

HOLZ

Hartholz: Buche

Eiche

Ahorn

Esche

Weichholz: Erle

Kiefer

Linde

Fichte

Tropenholz: Wenge

Pockholz

Ebenholz

Holz kann nicht mehr sauber geschliffen werden. Nach Möglichkeit vermeiden Sie Holz, das sehr viele Äste aufweist. Die Astansätze sind im Gegensatz zum übrigen Holz sehr hart, und durch die hohe Drehgeschwindigkeit des Werkstücks schlagen die Äste wie ein Hammer auf die Schneide des Werkzeugs. Dabei können sogar Teile der Schneide ausbrechen, und es ist sehr schwer, solche Schläge aufzufangen und das Werkzeug dabei weiter zu kontrollieren.

Um ein Gegenarbeiten zu erreichen, werden zwei Hölzer an den linken Seiten (sichtbar an der Maserung an der Stirnseite) zusammengeleimt.

Grundlegende Arbeits- techniken

Schärfen

Die Schneiden der Drechselwerkzeuge müssen von Zeit zu Zeit geschärft werden, damit sie ihre charakteristische Form behalten. Entscheidend für einen sauberen Schnitt und eine hohe Standzeit der Schneide ist der Winkel, in dem die Fase des Werkzeugs geschliffen ist. Da es schwierig ist, diesen Winkel exakt zu bestimmen, gebe ich hier keine Fasenwinkel an, sondern nenne die Breite, die eine Fase bei 5 mm starkem Werkzeugstahl haben soll. Die Breite der Fase läßt sich leicht messen, und wenn sie mit den hier genannten Werten übereinstimmt, ist die Schneide im richtigen Winkel geschliffen.

Beim Schärfen führen Sie das Werkzeug nach Möglichkeit frei an den Stein, also ohne feste Unterlage. Sie haben so ein besseres Gefühl für das Werkzeug. Die Rundung der Schrupproöhre sollte im Querschnitt nicht kreisbogenförmig, sondern etwas gestaucht sein. Die Breite der Fase sollte 12 mm betragen. Die Formröhre erhält eine längliche Rundung und eine etwas breitere Fase von 14 mm. Halten Sie das Werkzeug fest in der rechten Hand und stützen Sie mit der linken Hand ab. Üben Sie keinen allzu starken Druck auf den Stein aus, damit das Werkzeug nicht verbrennt. Die Fase am Werkzeug muß im Querschnitt gerade oder leicht hohl sein – dadurch wird der Schnitt besser –, niemals aber gewölbt.

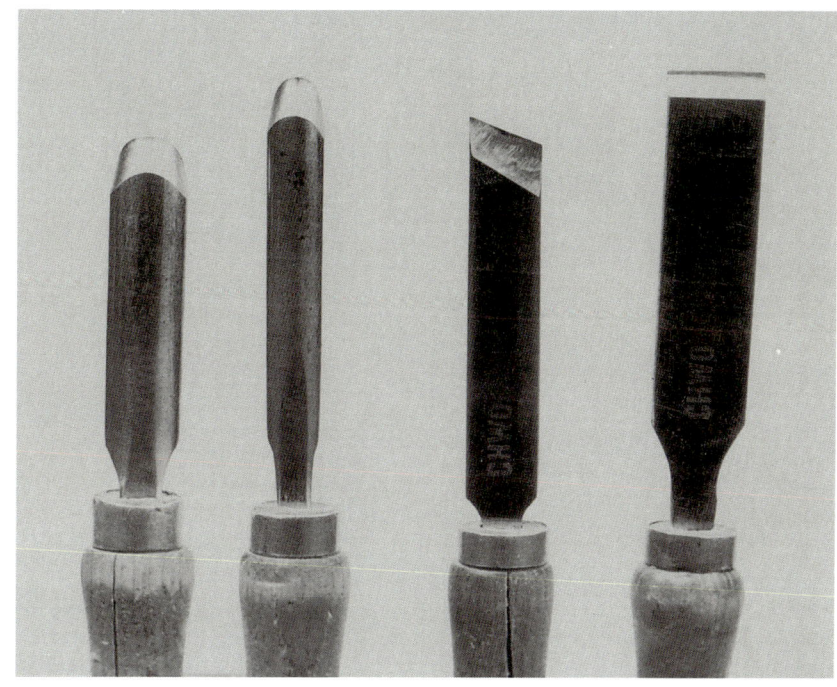

Schrupproöhre, Formröhre, Drehmeißel und Flachmeißel in der Aufsicht

Querschnitt der Schneiden von Schrupproöhre, Formröhre, Drehmeißel und Flachmeißel

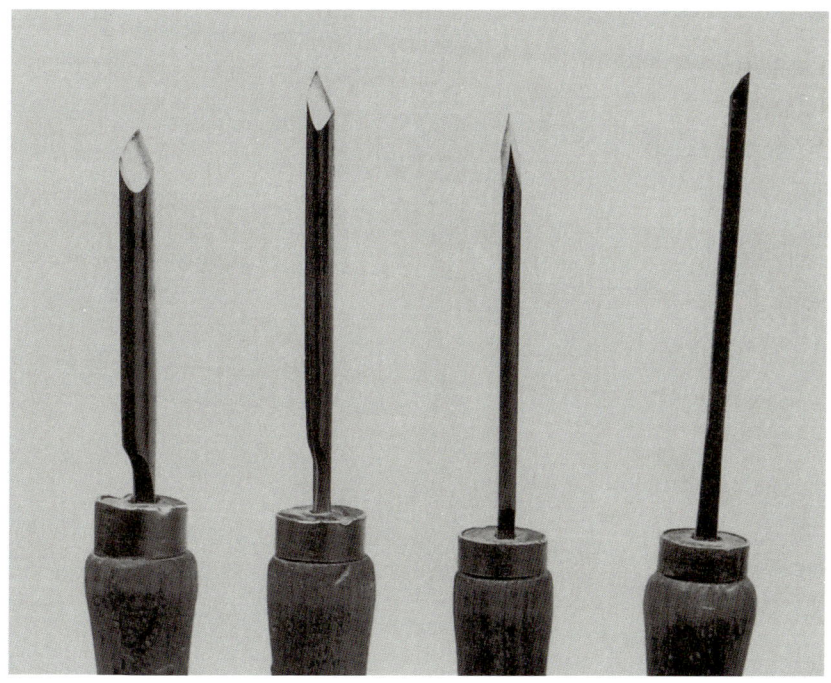

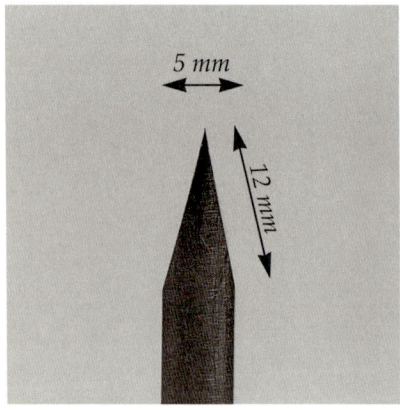

Breite der Fase beim Drehmeißel

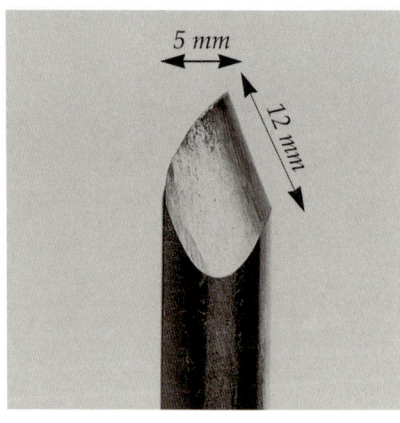

Breite der Fase bei der Röhre

Bei der schrägen Schneide des Drehmeißels wird unterschieden zwischen Spitze und Ecke. Die Spitze ist das obere, die Ecke das untere Ende der Schneide. Der Unterschied von der Spitze zur Ecke beträgt beim breiten Meißel 15, beim schmalen etwa 12 mm. Der Meißel erhält beidseitig eine Fase von 12 mm Breite, die Schneide verläuft genau in der Mitte der Schmalseite.

Die Fase kann, wie bei der Röhre, gerade oder etwas hohl sein.

Beim Schleifen der Röhre führt die rechte Hand eine halbkreisförmige Drehbewegung um die Längsachse des Werkzeugs aus. Setzen Sie die linke Schneidenkante der Röhre am Stein an, drehen Sie die Röhre dann auf die entgegengesetzte Seite und wieder zurück. Wenn Sie immer in der gleichen Bewegung bleiben,

wird die Röhre eine gleichmäßige Fase erhalten.

Den Drehmeißel halten Sie so an den Stein, daß immer die ganze Fläche der schrägen Schneide anliegt. Dazu müssen Sie das Werkzeug jeweils schräg halten, einmal von rechts, einmal von links. Achten Sie immer darauf, daß Sie das Werkzeug fest im Griff haben. Nur so werden Sie glatte und scharfe Schneiden bekommen.

Der Flachmeißel erhält zunächst eine Fase von etwa 24 mm Breite und danach einen zusätzlichen Anschliff von 22 mm. Durch diese gebrochene Fase wird ein Einreißen beim Arbeiten vermieden. Die Fase beim Vierkantstahl ist leicht hohl und 18 mm breit. Bei den hier vorgestellten Drechslerarbeiten verwende ich statt des Vierkantstahls einen 25 mm breiten Flachmeißel, an dessen Schmalseite ich eine Schneide geschliffen habe. Die Schneide ist daher nur 5 mm breit und eignet sich auch zum Drechseln schmaler Platten und Einstiche. Die Fase dieses Werkzeugs ist 45 mm breit.

Beim Schärfen wird die Röhre mit der linken Kante der Schneide an der Schleifscheibe angesetzt.

SCHÄRFEN

Durch Drehen der Röhre um ihre Längsachse wird eine gleichmäßig breite Fase geschliffen.

Die schräge Schneide des Drehmeißels muß flach am Stein anliegen (Haltung von rechts).

Genauso wird die rückwärtige Fase des Drehmeißels geschliffen (Haltung von links).

Haltung des Flachmeißels zum Schleifen der breiten Fase

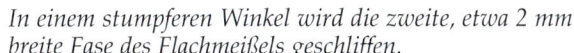

In einem stumpferen Winkel wird die zweite, etwa 2 mm breite Fase des Flachmeißels geschliffen.

Schärfen des Flachstahls

Abziehen

Abziehsteine werden am besten in einer Blechdose auf einem mit Petroleum getränkten Filz aufbewahrt.

Beim Abziehen wird der Stein flach an der Innenseite der Röhre entlanggeführt.

Nach dem Schärfen hat die Schneide des Werkzeugs einen Grat, der nun entfernt werden muß. Hierfür gibt es spezielle Abziehsteine, entweder Kunststeine oder Natursteine. Natursteine ergeben eine feine Schneide, sind aber sehr teuer, z.B. der harte, feinkörnige »Arkansas«, der zugerichtet mit keilförmigem Querschnitt im Handel ist. Natursteine sind jedoch nicht überall zu bekommen. Bei sorgfältiger Pflege der Schneiden erlangt man auch mit Kunststeinen gute Ergebnisse. Abziehsteine müssen immer gut mit Öl oder Petroleum befeuchtet sein. Am besten bewahrt man sie in einer Blechdose auf einem mit Petroleum getränkten Filz auf. Beim Abziehen ist es wichtig, daß die Fase des Werkzeugs oder ihre Rückseite stets flach auf dem Stein aufliegt, sonst entsteht eine Gegenfase, und die Schneide ist verdorben.

Die Röhre halten Sie beim Abziehen in der linken Hand, nehmen den Abziehstein in die rechte und führen ihn mit der Rundung an der Innenseite der Röhre entlang. Achten Sie darauf, daß der Stein dabei flach anliegt. Wenn der Grat an der Innenseite entfernt ist, führen Sie den Stein vorsichtig über die Fase, um auch hier einen eventuell noch vorhandenen feinen Grat zu entfernen. Danach ist die Schneide der Röhre scharf.

Beim Meißel verfahren Sie ähnlich, nur sollten Sie hier den Abziehstein mit kreisenden Bewegungen über die Fase führen. Wichtig ist in jedem Fall, daß der Stein so geführt wird, daß die Schneide nicht an Schärfe verliert. Mit zunehmender Erfahrung wird Ihnen das aber keine Schwierigkeiten mehr bereiten.

Dem angehenden Drechsler mögen diese vorbereitenden Arbeiten sehr langwierig erscheinen. Aber bedenken Sie, daß Sie nur mit sorgfältig geschärftem Werkzeug

Der Stein gleitet beim Abziehen nur leicht über die Fase der Röhre.

Beim Abziehen des Drehmeißels wird der Stein mit kreisförmigen Bewegungen über die Fase geführt.

Behandlung des Holzes können Sie nur erreichen, wenn Sie die nachfolgend beschriebenen Techniken möglichst oft und lange üben. Achten Sie immer darauf, daß das Werkstück fest in der Drechselbank eingespannt ist und daß Sie die Drechselwerkzeuge fest im Griff haben.

gute Ergebnisse erzielen können. Überdies ist eine scharfe Schneide eine wichtige Voraussetzung für sicheres Arbeiten, denn stumpfes Werkzeug verdirbt nicht nur das Holz, es stellt auch eine erhebliche Verletzungsgefahr dar, weil es schwerer zu kontrollieren ist oder sich im Holz festbeißen kann.

Haltung der Drechselwerkzeuge

Die im folgenden dargestellte Handhabung des Werkzeugs müßte ich Ihnen eigentlich an der Drechselbank in der Praxis vorführen. Sicherheit im Umgang mit Werkzeugen und Erfahrung in der

Das Kantholz wird zwischen Mitnehmer und Körnerspitze in die Drechselbank eingespannt.

Verwendung der einzelnen Werkzeuge

Die Röhren werden je nach Breite für unterschiedliche Zwecke eingesetzt. Die breite Schrupproöhre dient dazu, einem Vierkantholz eine grobe runde Form zu geben. Mit der schmaleren Schlichtröhre und der Formröhre werden die verschiedenen Formen gedrechselt. Den Drehmeißel benutzt man zum Einstechen und Schlichten der Flächen. Der Flachmeißel dient zum Ebnen der Querholzflächen. Der Vierkantstahl wird verwendet zum Drechseln von Platten und Zapfen.

Schruppen

Bereiten Sie ein Stück Langholz aus Buche vor, etwa 25 cm lang, 5 x 5 cm im Querschnitt. An den Stirnseiten stellen Sie die Mittelpunkte fest, indem Sie die Diagonalen einzeichnen. Dann spannen Sie das Holz in die Drechselbank zwischen Spindel und Reitstock fest ein. Stellen Sie die Werkzeugauflage so ein, daß ihre Oberkante sich etwa 0,5–1 cm unter der Drehachse befindet. Schalten Sie die Drechselbank ein bei möglichst hoher Drehgeschwindigkeit. Nehmen Sie die Schrupproöhre, indem Sie mit der rechten Hand das untere Ende des Heftes umfassen und mit der linken den Stahl der Schrupproöhre auf der Werkzeugauflage festhalten und führen. Halten Sie das Werkzeug so, daß die Schneide leicht nach links zeigt, und führen Sie es vorsichtig gegen das sich drehende Holz. Beginnen Sie nun, von der Mitte zunächst nach links, dann nach rechts, die Kanten wegzudrechseln. Sind die Kanten entfernt, halten Sie die Röhre rechtwinklig zur Längsachse des Holzes und schruppen das Holz gleichmäßig rund, so daß es eine gleichmäßige zylindrische Form erhält. Üben Sie nie einen zu starken Druck gegen das Werkstück aus. Es erschwert nur unnötig die Arbeit und führt zu schnellem Stumpfwerden der Schneide. Üben Sie so lange, bis Sie den Vorgang sicher beherrschen.

Schlichten

Viele Freizeitdrechsler scheinen eine Abneigung gegen den Drehmeißel zu haben. Bei richtiger Handhabung ist sein Einsatz jedoch unproblematisch. Die Handhaltung beim Meißel ist die gleiche wie vorher bei der Schrupproöhre. Die Spitze der Schneide zeigt nach oben. Der Meißel wird so gehalten, daß die Schneidenmitte mit der rückwärtigen Fase flach am Werkstück anliegt. Wenn Sie den Meißel nun ein wenig zur Schneide hin drehen, wird er leicht in das Holz einschneiden und einen feinen Span abnehmen. Diesen Schnittwinkel müssen Sie beherrschen. Sie dürfen ihn nicht verändern, während Sie den Meißel am Werkstück entlangführen. Schlichten Sie zunächst von der Mitte des Rundholzes nach links und dann nach rechts, stets von innen nach außen. Wenn Sie außen ansetzen, besteht die Gefahr, daß der Meißel einhakt und das Werkstück zerstört. Achten Sie auch darauf, daß der Meißel nicht mit dem oberen Drittel der Schneide zu weit nach unten kommt, denn auch dann besteht die Gefahr, daß er einreißt. Die Spitze des Meißels muß stets über der Drehfläche des Werkstücks sein.

Sollte Ihr Werkzeug mit der Zeit an Schneidfähigkeit verlieren, genügt es, wenn Sie es zwischendurch abziehen. Nach dieser Übung haben Sie ein Rundholz mit glatter Oberfläche, die kaum mehr geschliffen werden muß. An einem solchen Rundholz führen Sie nun weitere Übungen aus.

Mit der Schrupproöhre werden die Kanten abgedreht. Das Werkzeug wird dabei von innen nach außen geführt.

*Beim Schlichten nimmt der Dreh-
meißel einen feinen Span ab.
Der Meißel schneidet mit der unteren
Hälfte der Schneide.*

Mit Bleistift markiertes Rundholz

Rundstäbe und Platten

In die Drechselbank wird ein glattes Rundholz eingespannt und in Abständen von jeweils 1 cm mit Bleistift markiert. An den Markierungen stechen Sie mit der Spitze des Drehmeißels etwa 5 mm tief ein. Nun wird der Meißel mit der Ecke in der Mitte zwischen den Einstichen angesetzt und das Holz einmal nach links und einmal nach rechts bis zum Grund der Einstiche weggedreht. Auf diese Weise entsteht ein Rundstab.

Wichtig ist, daß der Rundstab nach links und rechts eine gleichmäßige Rundung aufweist. Sie erreichen dies, indem Sie den Meißel mit einer gleichmäßigen ruhigen Bewegung von der Mitte bis zum Einstichgrund drehen. Auf diese Weise drehen Sie zwischen allen Einstichen des Werkstücks Rundstäbe.

An einem weiteren Rundholz wird diese Übung erweitert. Es erhält Bleistiftmarkierungen abwechselnd in Abständen von 1 und 2 cm. Drehen Sie nun in den

schmalen Feldern mit dem Vierkantstahl jeweils etwa 5 mm tiefe Nuten mit ebenem Grund, die sogenannten Platten. Die zwischen den Platten verbliebenen Stege werden nun wie bei der ersten Übung mit dem Drehmeißel zu Rundstäben gedreht , so daß Sie als Ergebnis ein Rundholz bekommen, bei dem die Rundstäbe jeweils durch schmale Platten voneinander getrennt sind.

Beim Drechseln der Rundstäbe wird die Ecke des Meißels von der Mitte zum Einstichgrund gedreht.

Fertige Rundstäbe

Zwischen den schmalen Markierungen entsteht eine Platte.   Die verbleibenden Stege werden als Rundstäbe ausgebildet.

Werkstück mit Rundstäben und Platten

Hohlkehlen

Als weiteres Formelement neben Rundstab und Platte kommt nun die Hohlkehle hinzu. An einem vorbereiteten Rundholz werden abwechselnd in Abständen von 2 und 1 cm Markierungen angebracht, an denen mit der Meißelspitze 5 mm eingestochen wird. Zwischen den schmalen Markierungen entstehen Rundstäbe, zwischen den breiteren werden zunächst Platten gedrechselt. In diesem Fall verwenden Sie zum Herstellen der Platten die Formröhre. Setzen Sie die Röhre jeweils links und rechts am Einstich an und drehen die Platte etwa 5 mm tief aus. Von dieser Platte bleiben links und rechts 5 mm stehen, dazwischen entsteht eine Hohlkehle. Beim Ausdrehen der Hohlkehle wird von den Seiten jeweils zur Mitte hin gearbeitet. Sie setzen die Formröhre an der rechten Seite an, und zwar mit der linken Kante der Schneide, und führen Sie bis zur Mitte. Dann halten Sie sie an der anderen Seite an und wiederholen den Vorgang spiegelbildlich.

An dem Werkstück sollen Hohlkehlen gedreht werden.

Zum Ausdrehen der Platte wird die Formröhre an den Einstichen angesetzt.
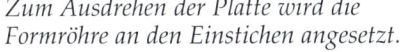

Achten Sie darauf, daß Sie beim Drechseln zum Grund der Kehle, die etwa 5 mm tief sein sollte, nicht über die Mitte hinausdrehen, da sonst das Werkzeug einreißen kann. Nehmen Sie immer nur wenig Holz in einem Arbeitsgang weg. Sie haben so eine bessere Kontrolle des Werkzeugs und der Form. Wenn Sie das ganze Werkstück auf die beschriebene Weise bearbeitet haben, entsteht eine Form, bei der sich Rundstäbe, Platten und Hohlkehlen abwechseln.

Zum Ausdrehen der Hohlkehle wird die Formröhre zunächst von rechts bis zum tiefsten Punkt geführt.

Zur Fertigstellung der Hohlkehle wird die Röhre von links gegen den tiefsten Punkt geführt.

Werkstück mit Hohlkehlen, Platten und Rundstäben

Auf dem Werkstück angezeichnetes Karnies

Mit der Schrupphöhre wird von links gegen den tiefsten Punkt gedreht.

Karnies

Ein Karnies ist eine Mischung von Rundstab und Hohlkehle und stellt im Längsschnitt eine S-förmige Linie dar. Auch zur Herstellung eines Karnieses spannen Sie ein glattes Rundholz in die Drechsel-bank ein. Auf dem Mantel skizzie-ren Sie grob die Konturen des Kar-nieses. Mit der Schlichtröhre drehen

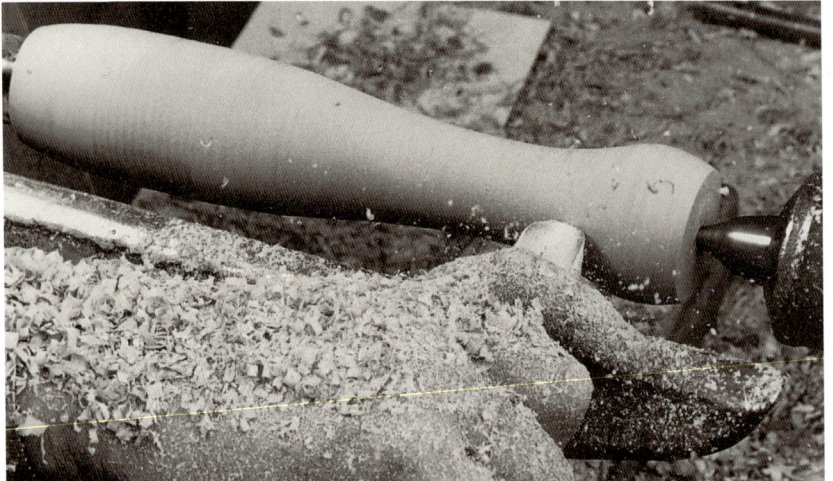

Fertigstellen der groben Form des Karnieses

Sie nun das Holz vom höchsten Punkt der Form nach außen hin weg. Drehen Sie aber nie über den tiefsten Punkt der Hohlkehle hinaus, sondern setzen Sie die Röhre auf der anderen Seite an und drehen von dort aus gegen den tiefsten Punkt. Achten Sie darauf, daß die Konturen des Karnieses in einem gleichmäßig geschwungenen Bogen verlaufen. Die Grenze zwischen dem Rundstab und der Hohlkehle sollte genau in der Mitte zwischen dem höchsten und dem tiefsten Punkt des Karnieses liegen. Wenn Sie die Form mit der Röhre fertiggestellt haben, setzen Sie den Drehmeißel an, um die Fläche zu schlichten. Mit dem Meißel wird nur noch wenig Holz weggenommen. Achten Sie darauf, daß die Schneide flach aufliegt und ein gleichmäßiger dünner Span abgenommen wird. Wie mit der Röhre dürfen Sie auch mit dem Meißel nicht über den tiefsten Punkt der Hohlkehle hinausdrehen, sondern Sie müssen von der anderen Seite dagegenarbeiten. Danach haben Sie eine glatte Form, die kaum noch geschliffen zu werden braucht.

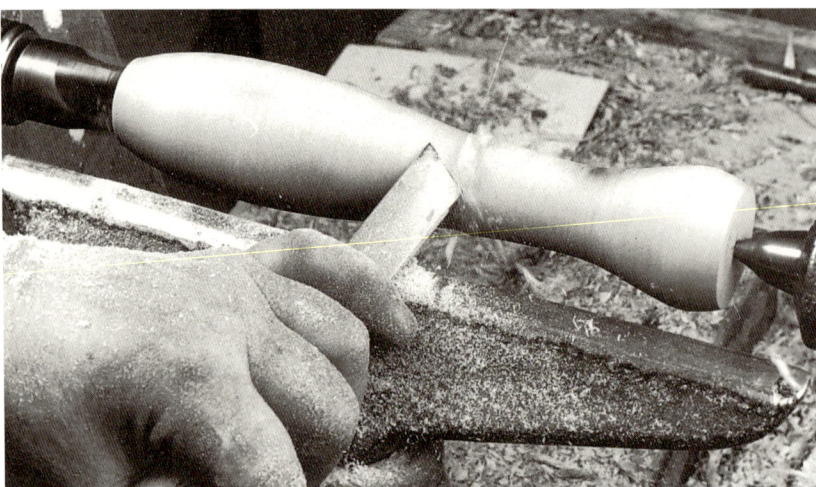

Auch der Drehmeißel wird beim Schlichten vom höchsten zum tiefsten Punkt geführt.

Durch Abnehmen eines feinen Spans wird die Oberfläche glatt.

Mit den bisher erarbeiteten Form-
elementen Rundstab, Platte, Hohlkehle und Karnies bieten sich
vielfältige Kombinations- und Ge-
staltungsmöglichkeiten. Ein Beispiel dafür zeigt das letzte Bild auf
dieser Seite.

Fertiges Karnies

*Karnies, das mit Hohlkehlen, Platten
und Rundstäben kombiniert ist.*

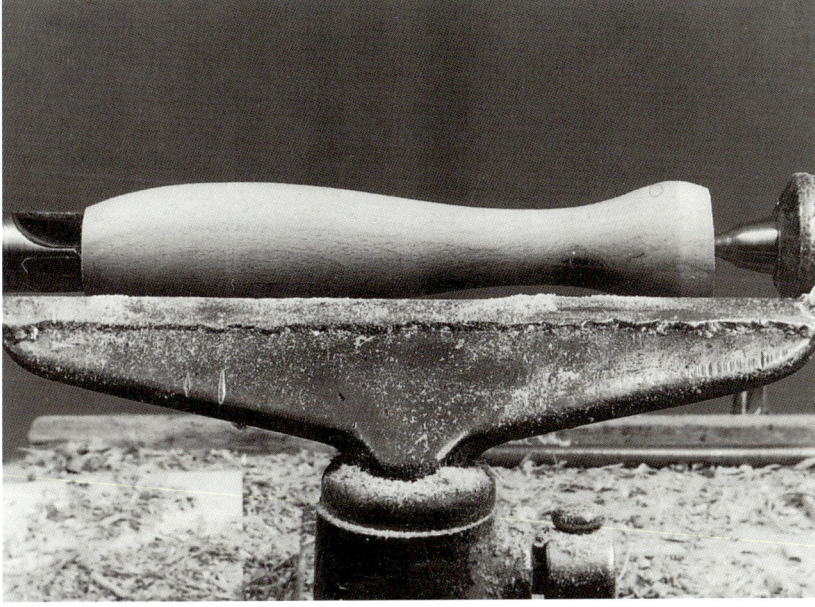

Freies Drechseln

Beim freien Drechseln sitzt das Holz im Spundfutter und läuft frei, ohne Reitstock. Für das Spundfutter muß das Holz zunächst vorbereitet werden, indem es zwischen Spindel und Reitstock eingespannt und an einer Seite leicht konisch abgedreht wird. Dieses spitz zulaufende Ende wird in ein passendes Spundfutter eingeschlagen. Wenn das Werkstück im Spundfutter sitzt und richtig zentriert ist, muß zunächst an der Stirnseite eine gerade Fläche angedreht werden. Dazu setzt man den Meißel mit der Spitze an und hält das Werk-

Für das Spundfutter vorbereitetes Langholz

In das Spundfutter eingeschlagenes Holz

zeug so, daß es mit der Fase flach an der Stirnseite des Werkstücks anliegt. Als nächstes markieren Sie mit dem Meißel oder der Formröhre den Mittelpunkt der Stirnseite, um das Werkstück auszuhöhlen. Setzen Sie im Mittelpunkt einen Löffelbohrer an. Beginnen Sie mit dem kleinsten Querschnitt. Sie können das Werkzeug führen, indem Sie es mit dem vorderen Teil auf den Stahl des Drehmeißels auflegen. Wenn der Bohrer weiter in das Holz eingedrungen ist, halten Sie ihn mit der linken Hand, indem Sie das Handgelenk fest auf die Werkzeugauflage auflegen. Sie können auch die Werkzeugauflage drehen und quer vor das Werkstück stellen, um den Bohrer aufzulegen, aber ich bevorzuge

Mit dem Drehmeißel wird eine gerade Fläche an der Stirnseite angedreht.

*Zum Ansetzen des Löffelbohrers mar-
kierter Mittelpunkt*

die oben beschriebene Methode, die
nach meiner Erfahrung mehr
Gefühl bei der Führung des Werkzeugs erlaubt. Mit der Formröhre
wird das Bohrloch am äußeren
Rand etwas erweitert, bevor der
nächste Löffelbohrer mit einem
größeren Querschnitt eingesetzt
wird. Auf diese Weise läßt sich nach
und nach der Durchmesser der Bohrung vergrößern. Die endgültige
Form der Höhlung wird mit der
Formröhre geschaffen.

Der Löffelbohrer wird eingesetzt
zum Einbringen tiefer Bohrungen
beim freien Drechseln. Aber auch
bei diesem Werkzeug ist die Bohrtiefe begrenzt, denn bei tiefen Bohrungen läßt sich das Werkzeug nur
noch schwer kontrollieren.

*Zur Führung kann der Löffelbohrer auf
den Stahl des Drehmeißels aufgelegt
werden.*

*Wenn der Löffelbohrer tiefer ins Holz
eingedrungen ist, wird das Handgelenk
auf der Werkzeugauflage abgestützt.
Erweitern des Bohrlochs mit Formröhre*

Die bisher beschriebenen Formen
und Techniken des Drechselns lassen sich auf vielfältige Weise vari-
ieren und miteinander kombinieren. Sie werden für alle folgenden
Werkstücke benötigt. Es ist daher
wichtig, daß Sie diese grundlegen-
den Techniken intensiv üben und
beherrschen.

Erweitern des Bohrlochs mit Formröhre

Ansetzen des großen Löffelbohrers

Schleifen des Werkstücks

Am Schluß der Drechslerarbeit sollten die Werkstücke geschliffen werden, um kleine Unebenheiten, die noch vorhanden sind und beim Drechseln nicht entfernt wurden, zu beseitigen. Nehmen Sie zum Schleifen kein allzu grobes Schleifpapier, da sonst Riefen entstehen können, die hinterher nur schwer wieder rauszuschleifen sind. Papier der Körnungen 60, 80, 100, 120 usw. wird zum Schleifen verwendet. Bei Langholz empfiehlt es sich, mit Körnung 80 zu beginnen und mit Körnung 100 oder 120 das Holz fertigzuschleifen. Halten Sie das Schleifpapier mit beiden Händen gegen das Werkstück, ohne allzuviel Druck auszuüben. Führen Sie es gefühlvoll an der ganzen Form entlang.

Um die Oberfläche weiter zu glätten, wird das Holz nach dem Schleifen gewässert, d. h. es wird mit einem nassen Lappen abgerieben.

Haltung des Schleifpapiers bei einem Werkstück aus Langholz

Durch das Wässern stehen die feinen Fasern des Holzes auf. Sie werden nach dem Trocknen durch einen zweiten Schliff mit feinem Schleifpapier entfernt, so daß eine noch feinere Oberfläche entsteht. Schleifriefen, die man im Rohzustand nicht sehen kann, kommen beim Lackieren oder Polieren wieder zum Vorschein. Wenn Stücke aus Eichenholz gedrechselt werden, darf das Holz beim Wässern auf keinen Fall mit Metall in Berührung kommen, da die im Holz enthaltene Gerbsäure das Holz schwarz oder bläulich verfärbt. Diese Verfärbung läßt sich nicht wieder rausschleifen.

Drechseln in Langholz

Kugel

Vorbereiten:
– Holz von etwa 6 cm Durchmesser
* und 10 cm Länge rund drehen*
– Rohling ins Spundfutter einschlagen

Markieren Sie mit Bleistift die Mittellinie und die linke Begrenzung der Kugel und stechen Sie am linken Rand mit dem Drehmeißel ein. Nun drehen Sie von der Mitte aus jeweils nach rechts und nach links die Kugelform an. Versuchen Sie eine möglichst gleichmäßige Rundung zu drehen, ohne jedoch zuviel Material wegzunehmen. Stechen Sie dann die grobe, noch unfertige Kugel ab. Dazu halten Sie den Drehmeißel mit der rechten Hand. Mit der linken greifen Sie unter der Werkzeugauflage durch und fangen die abgestochene Kugel auf.

Im nächsten Arbeitsschritt wird die Kugel so zwischen Spindel und Reitstock eingespannt, daß die Mittelmarkierung genau axial läuft. Dazu benötigen Sie eine besondere Einspannvorrichtung, da das Holz der Kugel nicht durch Spindel oder Reitstock beschädigt werden darf. Die Halterung für das Spundfutter wird vorn konisch abgedreht bis auf einen möglichst kleinen Durchmesser. Die Stirnseite wird mit der

Am linken Rand der Kugel wird mit der Meißelspitze eingestochen.

Runddrehen der rechten Kugelhälfte

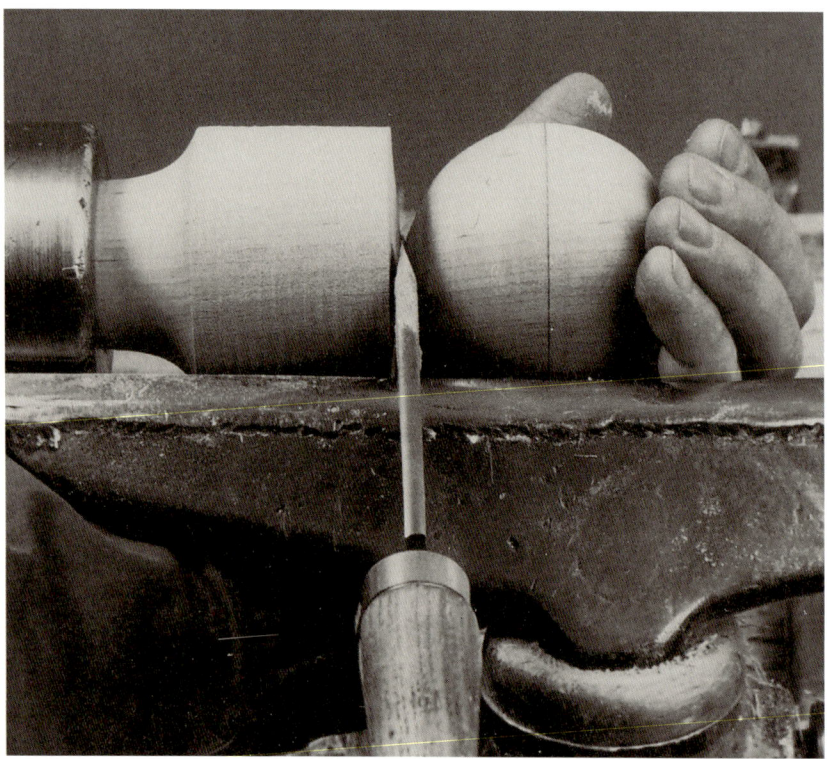

Röhre leicht hohl gedreht. Das gleiche geschieht für die Halterung auf der Reitstockseite. Sie muß jedoch zusätzlich ausgehöhlt werden, so daß sie über die Körnerspitze gestülpt werden kann. Zwischen diese beiden Halterungen wird die noch unfertige Kugel axial eingespannt und mit der Formröhre fertig rund gedreht. Dabei müssen Sie beachten, daß der Drechselvorgang nun quer zur Faser stattfindet, also nicht mehr wie im ersten Arbeitsschritt in Langholz gedreht wird.

Abstechen der grob geformten Kugel

Die Kugelhalterung im Spundfutter wird an der Stirnseite leicht hohl gedreht.

Die Halterung für die Reitstockseite ist innen ausgedreht, damit sie über die Körnerspitze geschoben werden kann.

Kugel in der selbstgefertigten Halterung

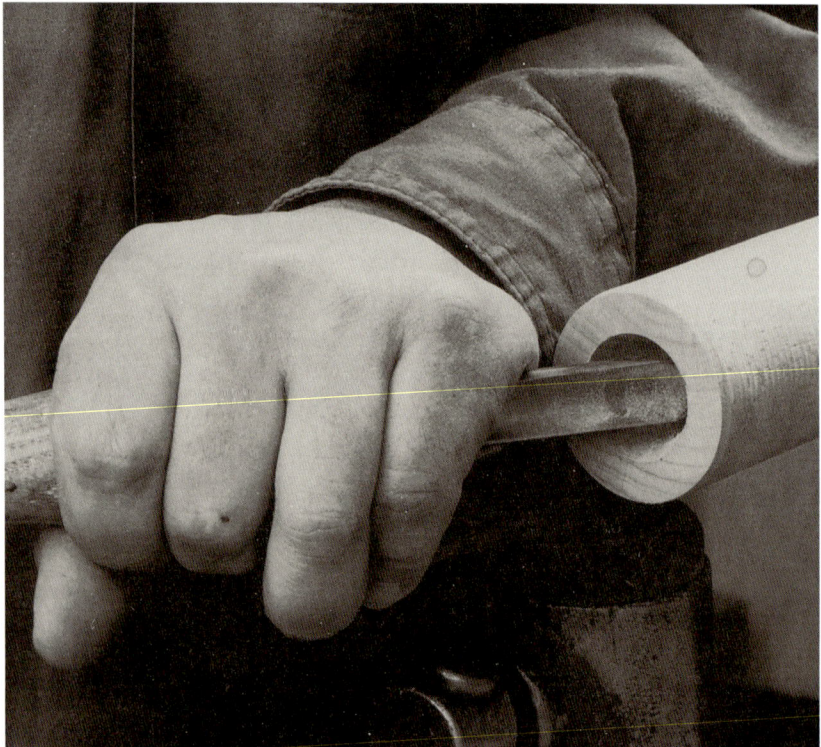

*Das Werkstück wird mit der Form-
röhre an der Stirnseite ausgehöhlt.*

Eierbecher

Vorbereiten:
– *Holz rund drehen*
– *Rohling ins Spundfutter einspan-
nen*
– *Stirnseite gerade drehen*
– *Mittelpunkt markieren*

Beim Drechseln eines Eierbechers
beginnen Sie mit der Höhlung in
der Stirnseite des Werkstücks. Setzen Sie die Formröhre am Mittelpunkt an und drehen Sie vom Mittelpunkt nach außen. Mit jedem
Arbeitsgang wird die Höhlung tiefer und weiter. Die äußere Form
wird erst gedreht, wenn die Höhlung fertig ist. Beginnen Sie vorsichtig mit der äußeren Form des
Bechers und prüfen Sie zwischendurch immer wieder die
Wandstärke, bevor Sie den Fuß
gestalten. Für das Drehen der Höhlung und der äußeren Form verwenden Sie die Formröhre, zum
Abstechen wird der Drehmeißel
benutzt. Bevor Sie den Eierbecher
endgültig abstechen, sollten Sie
zum Spundfutter hin genügend
Holz wegdrehen, um Platz für das
Werkzeug zu haben. Beim Abstechen fangen Sie den Eierbecher mit
der linken Hand auf, während die
rechte den Meißel führt.

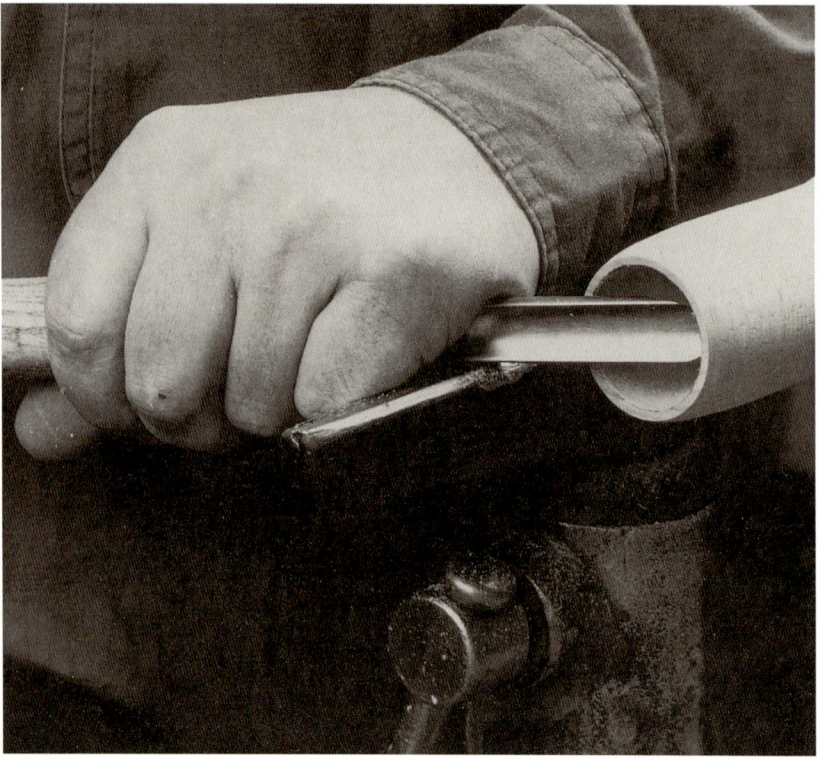

*Die Wand des Bechers darf nicht zu
dünn werden; daher bei der Fertigstellung der Höhlung vorsichtig arbeiten.*

Der Fuß des Eierbechers wird mit der Formröhre gestaltet.

Zum Abstechen am Fußende verwenden Sie den Drehmeißel.

Schubladenknopf

Vorbereiten:
– Rundholz ins Spundfutter ein-
 schlagen
– auf entsprechenden Durchmesser
 drehen

An dem frei laufenden Holz wird an der Stirnseite eine flache Halbkugel angedreht. Stechen Sie mit dem Meißel etwa 3 cm dahinter ein und drehen mit der Formröhre von hinten gegen diesen Einstich das Holz weg. Mit der Formröhre gestalten Sie ein Profil an. Zwischen Basis und Knopf wird eine Hohlkehle gedreht. Abschließend erhält der Schubladenknopf einen etwa 10 mm starken Zapfen, den Sie mit dem Vierkantstahl drehen. Kontrollieren Sie die Stärke des Zapfens mit der Schieblehre. Mit dem Zapfen wird der Schubladenknopf später in die Schublade eingeleimt.

Hinter dem Einstich muß genügend Holz weggedreht werden.

Von oben nach unten:

Zwischen Basis und oberem Ende wird eine Hohlkehle gedreht.

Am unteren Ende entsteht ein Zapfen.

Die Stärke des Zapfens kontrollieren Sie mit der Schieblehre.

Gardinenring

Vorbereiten:
- *Rundholz von etwa 5 cm Durch-
  messer ins Spundfutter einschlagen*
- *Werkzeugauflage querstellen*

Mit der Formröhre drehen Sie an
der Stirnseite das Rundholz innen
etwa 35 mm breit aus. Die innere
und äußere Kante der Stirnseite
wird rund gedreht. Stellen Sie die
Werkzeugauflage wieder längs und
stechen mit dem Drehmeißel etwa
1 cm hinter der Stirnseite ein. Von
rechts her drehen Sie gegen diesen

*Die Stirnseite des Werkstücks wird
ausgedreht, so daß ein etwa 15 mm
breiter Rand stehenbleibt.*

*Etwa 1 cm hinter der vorderen Kante
wird eingestochen und gegen den Einstich ein Rundstab gedreht.*

*Zur Fertigstellung wird der Ring
umgekehrt ins Backenfutter eingesetzt.*

Einstich etwas an, so daß sich die
Rundung nach hinten fortsetzt. Sie
haben nun am vorderen Ende des
Werkstücks einen Rundstab gedreht.
Wenn Sie diesen Rundstab mit dem
Meißel abstechen, müssen Sie nur
noch die innere Kante rund drehen,
um den Gardinenring fertigzustellen. Dazu spannen Sie den abgesto-
chenen Ring umgekehrt, also mit
der noch unfertigen Kante nach
rechts, ins Backenfutter ein. Mit der
Formröhre drehen Sie den letzten
Teil der Rundung, und Sie haben
einen fertigen Gardinenring.

Tischbeine

Tisch- oder Stuhlbein mit Zargenvierkant

Vorbereiten:
– Vierkant mit dem gewünschten Querschnitt hobeln
– an den Stirnseiten Diagonalenkreuze anzeichnen, um den Mittelpunkt zu markieren
– Vierkant zwischen Spindel und Reitstock einspannen

Als erstes müssen Sie wissen, welche Höhe der Zargenrahmen Ihres Stuhles oder Tisches hat. Die Höhe der Zarge zeichnen Sie an der Spindelseite mit einem Anschlagwinkel an, und zwar etwa 2–3 cm länger, als die eigentliche Zarge hoch ist. Es genügt, wenn Sie die Höhe der Zarge an zwei Seiten des Vierkants anzeichnen. Mit der Meißelspitze stechen Sie an dieser Markierung ein und drehen dann mit der Schlichtröhre vorsichtig zunächst auf den Einstich zu, dann vom Einstich weg, bis der ganze untere Teil des Beines rundgedreht ist. Als nächstes drehen Sie mit der Formröhre einen schrägen Abschluß an die Unterseite des Zargenvierkants. Die dabei entstehenden Dreiecksflächen sollten nicht eben, sondern leicht gewölbt sein, um den Übergang von den ebenen Flächen des Vierkants zu den runden Formen des Beines harmonisch

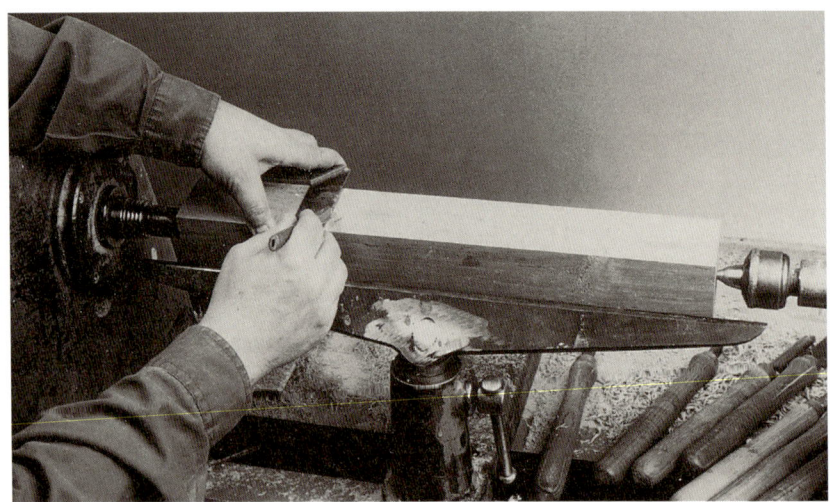

zu gestalten. Formen Sie nun mit der Schlichtröhre die Grobform des Beines, das sich nach unten im Querschnitt verjüngt. Bei der weiteren Gestaltung des Beines können Sie alle Formen, die Sie eingangs geübt haben – Rundstäbe, Platten, Hohlkehlen, Karniese – verwenden und miteinander kombinieren. Wenn Sie das Bein am Schluß schleifen, achten Sie darauf, daß die Kanten zwischen Platten und Hohlkehlen nicht rundgeschliffen werden und dadurch verloren gehen.

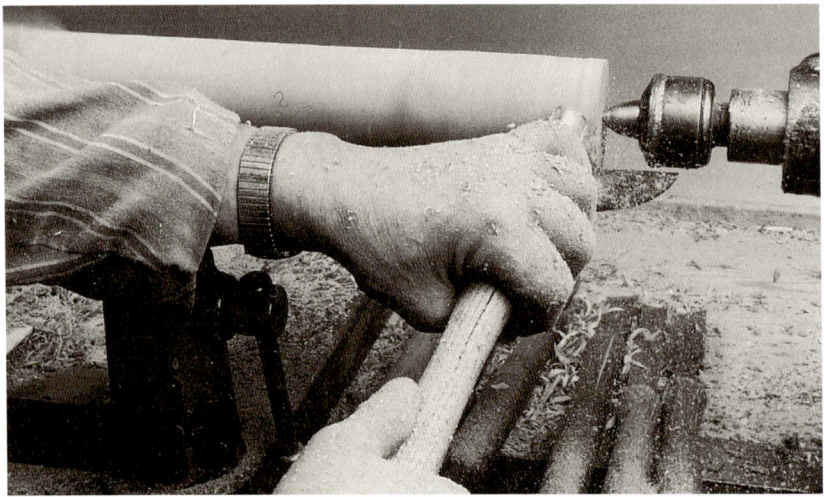

Die Höhe des Zargenvierkants wird mit dem Anschlagwinkel angezeichnet.

Das Kantholz ist zwischen Mitnehmer und Körnerspitze eingespannt.

Der untere Teil des Beines wird rund gedreht.

Die Unterseite des Zargenvierkants erhält einen schrägen Abschluß.

Der Querschnitt des Beines verjüngt sich nach unten hin.

Bein mit fertigem Profil

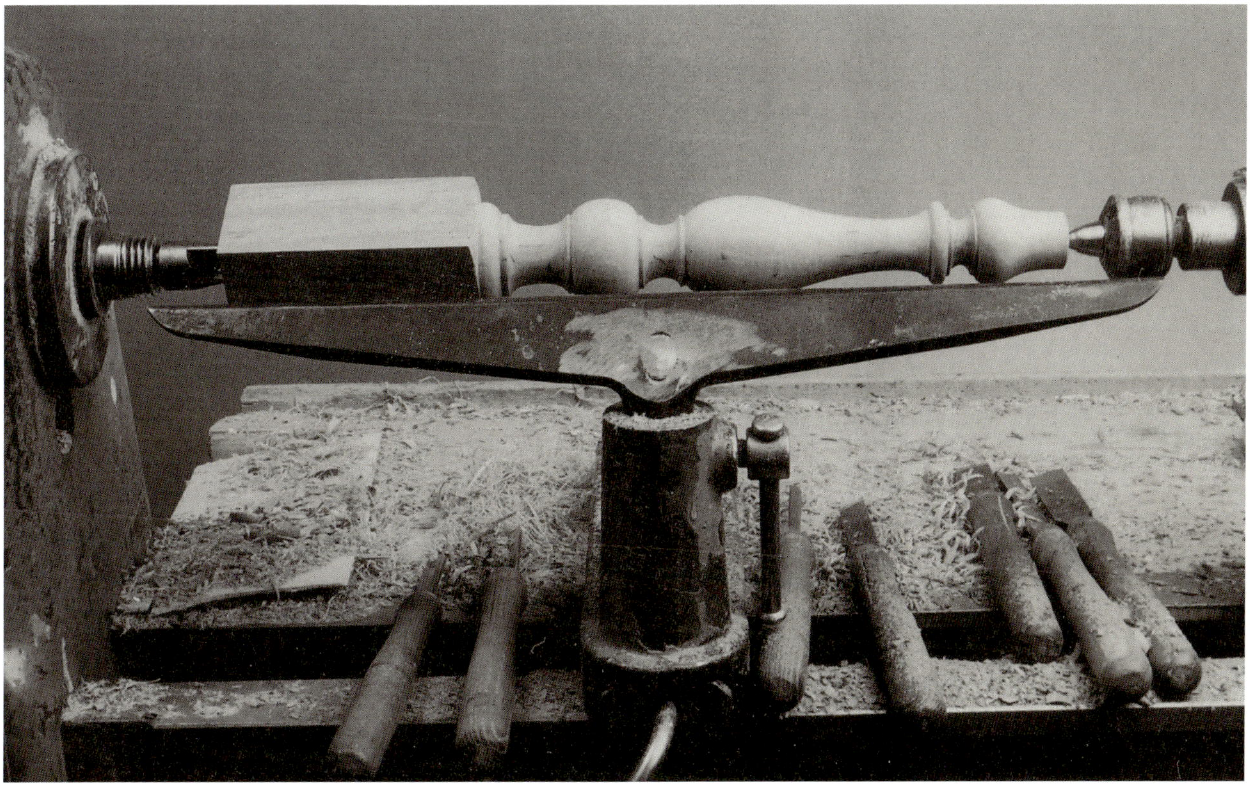

Der Kreisel erhält eine möglichst kurze Spitze.

erhält der Kreisel beim Drehen eine große Stabilität. Oberhalb des Tellers verjüngt sich der Kreisel sehr schnell zum langen, schlanken Stiel, mit dem er in Drehbewegung versetzt wird. Zum Herausarbeiten der Form verwenden Sie die Formröhre, zum Abstechen können Sie den Meißel einsetzen.

Über dem Kreiselteller entsteht eine Hohlkehle.

Fertiger Kreisel vor dem Abstechen

Kreisel

Vorbereiten:
– Rundholz mit entsprechendem Durchmesser ins Spundfutter einschlagen
– an der Stirnseite eine gerade Fläche andrehen

Als letztes der Beispiele für das Drehen in Langholz eine kleine Spielerei, bei der jedoch ebenso wie bei den vorher beschriebenen Werkstücken gewisse Regeln zu beachten sind. Beginnen Sie mit der Spitze, die sehr kurz sein soll und nur wenig über den Kreiselteller hinausragt. Der Kreiselteller sollte an seiner Unterseite flach sein und einen möglichst großen Durchmesser haben. Auf diese Weise liegt der Schwerpunkt sehr weit unten, nur wenig über der Spitze. Dadurch

Drechseln in Querholz

Allgemeine Hinweise

Um mit der Technik des Querholzdrechselns vertraut zu werden, üben Sie zunächst, eine einfache runde Scheibe herzustellen. Dazu sägen Sie eine Holzscheibe aus einem etwa 4 cm starken Brett aus, markieren den Mittelpunkt und bohren ein Loch, das zu der Schraube des Schraubenfutters paßt. Die Bohrung darf nicht zu groß sein, damit die Schraube gut einbeißen kann. Sie können den Metallteller des Schraubenfutters durch eine Sperrholzscheibe abdecken, damit das Holz des Werkstücks nicht in direkten Kontakt mit dem Metall kommt. Dies könnte im Holz Spuren hinterlassen, die später nur schwer wegzuschleifen sind.

Für das Schraubenfutter vorbereitete Holzscheibe

Spannen Sie die Scheibe zuerst mit der linken Seite ein, d. h. bearbeiten Sie erst die rechte, dem Kern zugewandte Seite. Stellen Sie die Auflage quer vor die Scheibe, mit der Oberkante etwas unterhalb der Scheibenmitte. Mit der Schruppröhre drehen Sie eine gerade Fläche an die Scheibe, mit dem Flachmeißel wird diese Fläche geschlichtet. Halten Sie dabei die Fase des Meißels nach unten. Danach stellen Sie die Auflage längs und drehen mit der Schlichtröhre die Scheibe rund. Achten Sie darauf, daß die

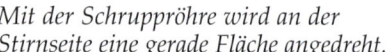

Ins Schraubenfutter eingespannte Holzscheibe

Mit der Schruppröhre wird an der Stirnseite eine gerade Fläche angedreht.

*Die Stirnseite wird mit dem Flach-
meißel geschlichtet (Fase nach unten).*

*Mit der Schlichtröhre wird die Scheibe
rund gedreht.*

Fase der Röhre flach am Holz
anliegt. Sie halten die Röhre in
Linksstellung und schneiden mit
dem linken Drittel der Schneide.
Führen Sie die Röhre langsam an der
Schmalseite der Scheibe entlang und
lassen Sie am linken Rand einen
schmalen Grat stehen, der am
Schluß von außen weggedreht wird.
Würden Sie die Schlichtröhre über
den Rand hinaus führen, könnte es
passieren, daß die Außenkante der
Scheibe an einigen Stellen wegsplit-
tert. Sie wären dann gezwungen, an
der Rückseite der Scheibe eine neue
glatte Fläche anzudrehen.

*Der schmale Grat am linken Rand wird
von außen weggedreht.*

Schale

Vorbereiten:
– eine Scheibe im gewünschten
  Durchmesser und in der
  gewünschten Dicke zuschneiden
– auf der linken Seite den Mittel-
  punkt markieren
– Bohrung für das Schraubenfutter
  anbringen
– Scheibe mit Schraubenfutter in
  die Drechselbank einspannen

Als erstes drehen Sie die Scheibe rund, wobei Sie, wie oben beschrieben, darauf achten, daß Sie immer von außen nach innen drehen. Der letzte schmale Grat wird zum Schluß von außen abgedreht. Stellen Sie nun die Werkzeugauflage quer vor die Scheibe und drehen Sie zunächst mit der Schlichtröhre die Unterseite eben. Dann arbeiten Sie den Boden, die Standfläche der Schale heraus, indem Sie etwa 1 cm tief einstechen und nach außen wegdrehen. Durchmesser des Bodens: etwa 2/5 der gesamten Schale. Damit die Schale besser steht, bleibt die Unterseite nicht eben, sondern wird leicht hohl gedreht. Der Unterschied vom tiefsten Punkt in der Mitte bis zum

An der Unterseite der Schale entsteht ein Ansatz von etwa 1 cm.

Zur Gestaltung der äußeren Form wird das Holz von innen nach außen weggedreht.

Die Standfläche wird innen leicht hohl gedreht.

Die Schale erhält außen ein sanft geschwungenes Karnies.

Die Außenseite der Schale ist fertig.

Rand beträgt etwa 1–2 mm. Wichtig ist, daß Sie am Ansatz des Bodens rechtwinklig eingestochen haben. Mit diesem Ansatz wird später die Schale ins Backenfutter eingespannt.

Nachdem der Boden fertiggestellt ist, drehen Sie die Außenform der Schale, in diesem Fall ein sanft geschwungenes Karnies. Dazu wird das Holz in mehreren Arbeitsschritten immer von innen nach außen abgetragen.

Wenn die Außenform der Schale fertiggestellt ist, drehen Sie die Schale aus dem Schraubenfutter und passen sie ins Backenfutter ein. Nun beginnen Sie, das Innere der Schale auszudrehen, diesmal von außen nach innen. Sie drehen mit der Schlichtröhre ein gutes Stück vom Außenrand in das Holz ein und drehen dann von außen dagegen, so daß Sie immer genügend Spielraum für das Werkzeug haben. So drehen Sie nacheinander in die Schale ein, wobei in der Mitte

zunächst ein Kern stehenbleibt, um die Stabilität des Werkstücks zu erhalten. Es ist ratsam, zwischendurch immer einmal die Drechselbank anzuhalten und mit beiden Händen die Stärke der Wandung zu fühlen, damit sie nicht zu dünn wird.

Der Ansatz am Boden dient zum Einspannen ins Backenfutter.

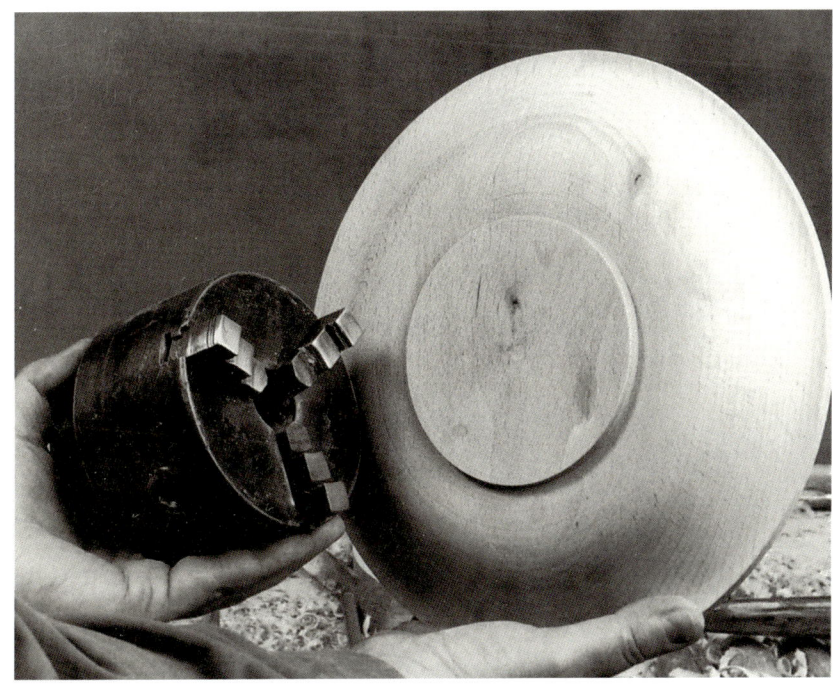

beim Herausarbeiten des inneren Schalenbodens schwieriger wird, stellen Sie die Werkzeugauflage schräg zur Schale, so daß sie in die Schale hineinragt. Sie erhalten so einen kürzeren Drehweg zwischen Holz und Werkzeugauflage, dadurch wird das Arbeiten leichter. Den letzten feinen Schnitt führen Sie von innen nach außen. Achten Sie darauf, daß das Werkzeug immer einen sauberen Span abhebt, um so weniger müssen Sie hinterher schleifen. Querholz entwickelt beim Schleifen erheblich mehr Staub als Langholz. Deshalb sollten Sie versuchen, unnötige Schleifarbeiten zu vermeiden. Beginnen Sie mit Körnung 60 und steigern Sie bis eventuell Körnung 120. Den letzten Schleifgang führen Sie mit Stahlwolle aus. Dann ist die Innenseite der Schale glatt.

Das Innere der Schale wird jetzt ausgedreht.

Mit der Schlichtröhre von außen gegen den Einstich drehen

Wenn Sie den äußeren Teil der Wandung fertiggestellt haben, beginnen Sie, den inneren Kern wegzudrehen, auch hier immer Schicht für Schicht, vom Mittelpunkt nach außen, zum Tiefpunkt hin. Wenn Sie das Gefühl haben, daß die Kontrolle des Werkzeugs

Die Schale wird Schicht für Schicht von außen nach innen ausgedreht. Der Kern bleibt zunächst stehen.

*Zum Entfernen des Kerns wird
das Werkzeug von innen nach außen
geführt.*

*Um die Innenseite fertigzudrehen,
kann die Werkzeugauflage schräg
gestellt werden, so daß sie in die
Schale hineinragt.*

Die Innenseite der Schale ist fertig.

Schmuckdose

Vorbereiten:
– dicke Holzscheibe für die Dose
  und dünne Scheibe für den
  Deckel zuschneiden
– Mittelpunkte markieren
– Bohrungen für das Schrauben-
  futter anbringen

Werkstück mit fertiger Außenform im
Schraubenfutter

Um die Unterschneidung am Innen-
rand auszudrehen, wird die Formröhre
sehr schräg angesetzt.

In der Mitte bleibt zunächst ein Kern
stehen.

Abgreifen des Durchmessers der Dose

Spannen Sie die Scheibe für die Dose mit dem Schraubenfutter in die Drechselbank. Sie drehen zunächst die äußere Form an, indem Sie wieder mit dem Bodenansatz beginnen, den Boden leicht hohl drehen, den Ansatz als Rundstab ausbilden und dann die Außenform der Dose drehen. Spannen Sie nun die Dose mit dem Bodenansatz ins Backenfutter, um das Doseninnere auszudrehen. Innen bleibt wieder ein Kern stehen, der erst ganz zum Schluß entfernt wird. Die Höhlung der Dose, die außen den Rand unterschneidet, wird mit zunächst sehr schräg gehaltener Formröhre herausgedreht. Dabei müssen Sie sehr vorsichtig arbeiten, um nicht den Rand

der Dose zu zerstören oder die Wandung zu dünn werden zu lassen. Beim weiteren Ausdrehen der Höhlung kann der Rand der Dose als Gegenlager zur Führung der Formröhre dienen. Wenn Sie die Dose bis auf den Kern innen ausgedreht haben, übertragen Sie den Innendurchmesser des Randes auf die Scheibe, die für den Deckel vorgesehen ist. Der Deckel wird an der Innenseite hohl gedreht und erhält am äußeren Rand einen Falz, für den Sie mit der Formröhre abwechselnd von innen und von außen einstechen. Zwischendurch prüfen Sie, ob der Durchmesser des ausgedrehten Falzes mit dem Rand der Dose übereinstimmt. Als nächstes schrau-

Der Durchmesser wird auf den Deckel übertragen.

ben Sie den Deckel umgedreht auf
das Schraubenfutter auf, um die
äußere Form anzudrehen. Zum
Schluß müssen Sie nur noch die
Bohrung für das Schraubenfutter
verschließen. Dazu drehen Sie einen
flachen Knopf, der von der Innenseite eingeleimt wird, und einen
Zierknopf, den Sie von außen dage-
genleimen. Wenn Dose und Deckel
zusammenpassen, können Sie nun
als letztes den stehengebliebenen
Kern der Dose entfernen und die
Dose glätten.

*Zur Herstellung der Nut wird
zunächst von außen eingestochen.*

*Von innen wird gegen den Einstich
gedreht, um die Nut fertigzustellen.*

SCHMUCKDOSE

Durch Anhalten der Dose wird geprüft, ob der Deckel paßt.

Zum Verschließen der Bohrung für das Schraubenfutter werden in die Deckel- unter- und -oberseite passende Knöpfe eingesetzt.

Ring

Vorbereiten:
– Preßspan- oder Sperrholzplatte
  zur Herstellung einer Schablone
– Bretter in der gewünschten Stärke

Der Ring besteht aus vier Segmenten, für deren Herstellung Sie eine Sägeschablone benötigen. Die Schablone hat die Form eines Viertelrings mit dem gewünschten Innen- und Außendurchmesser. Mit Hilfe dieser Schablone übertragen Sie die Form auf die Bretter und sägen die Ringsegmente aus. Legen Sie die Segmente zusammen, um zu prüfen, ob die Fugen zueinander passen. Dann bohren Sie Löcher für die Dübel und verdübeln und verleimen die Segmente. Bis der Leim abgebunden hat, müssen Sie die Teile mit Schraubzwingen zusam-

menpressen. Achten Sie darauf, daß der Ring beim Zusammenleimen gerade bleibt. Dazu legen Sie ihn am besten auf den Boden oder eine große ebene Arbeitsfläche.

Als nächstes benötigen Sie eine Vorrichtung, um den Ring in die

Herstellung einer Schablone für die Segmente des Rings

Die Form wird auf geeignete Bretter übertragen.

Die Segmente werden zu einem Ring zusammengelegt.

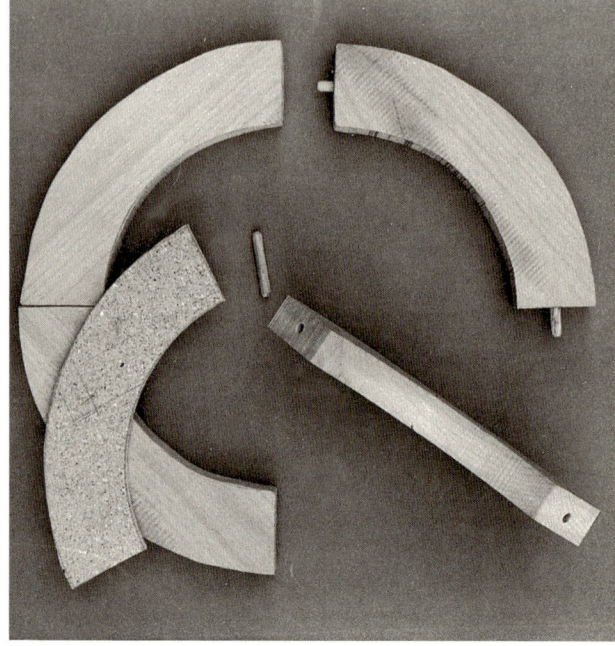

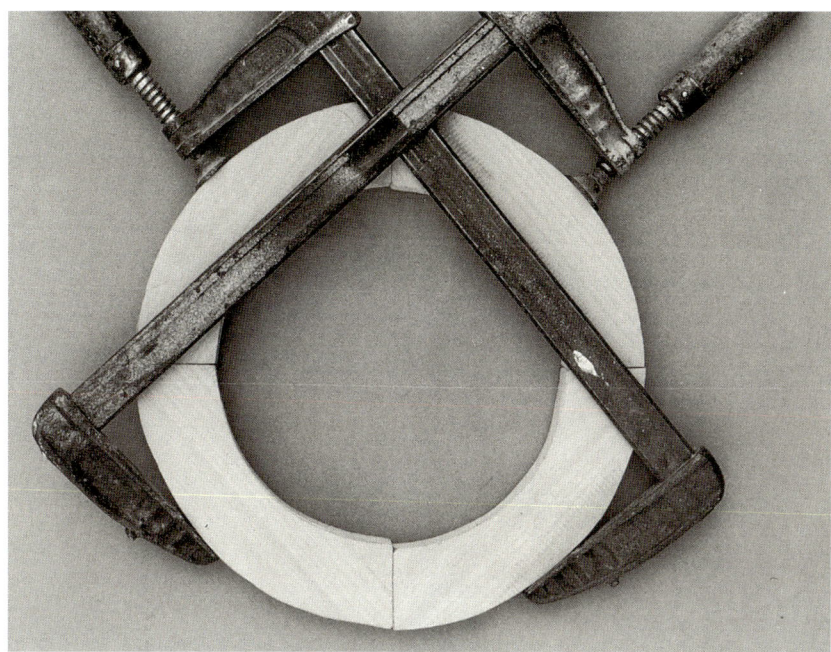

Beim Verleimen müssen die Teile mit Schraubzwingen zusammengepreßt werden.

wenn an dem Ring außen ein Profil angedreht wird.

Drehen Sie zunächst den Ring innen und außen rund und geben ihm dann ein Profil. Arbeiten Sie vor allem an der Innenkante des Rings sehr vorsichtig, indem Sie immer nur wenig Material abnehmen. An den Stößen der Segmente sind die Fasern sehr kurz, hier kann es leicht passieren, daß Teile der Kante wegbrechen. Solche Lücken müssen später mit Holzkitt oder mit Sägespänen und Holzleim geschlossen werden. Wenn Sie das Profil des Ringes auf der einen Seite fertiggestellt haben, können Sie ihn umgekehrt auf das Lattenkreuz auf-

von hinten durch die Arme des Kreuzes geschraubt werden. Die Holzschrauben dürfen nicht zu weit in den Ring hineinreichen. Sie müssen ihn zwar genügend festhalten, dürfen aber keine Gefahr für die Drechselwerkzeuge darstellen,

Drechselbank einzuspannen. Dazu verwenden Sie zwei gleich lange Latten, etwa 2 cm stark und 3–4 cm breit, deren Länge dem Außendurchmesser des Rings entspricht. In der Mitte werden die Latten mit einer Kreuzüberblattung zusammengefügt. Sie brauchen nicht verleimt zu werden, sondern erhalten vier Bohrungen, so daß sie mit Schloßschrauben auf einer Planscheibe befestigt werden können. Die Planscheibe mit dem Lattenkreuz wird nun in die Drechselbank eingespannt. Stellen Sie die Werkzeugauflage quer vor das Lattenkreuz und drehen vorsichtig mit der Schruppröhre an den Armen des Kreuzes ein einheitliches Niveau an. Nun schrauben Sie den Ring auf das Lattenkreuz. Sie müssen ihn dabei sehr genau zentrieren. Befestigt wird er mit Holzschrauben, die

Die Teile des Lattenkreuzes werden nicht verleimt, sondern mit Schloßschrauben auf einer Planscheibe befestigt.

*Das Lattenkreuz wird mit der Plan-
scheibe in die Drechselbank gespannt.*

*Die Latten des Kreuzes werden auf ein
einheitliches Niveau abgedreht.*

schrauben und den gleichen Vorgang auf der anderen Seite wiederholen. Beim zweiten Aufspannen
müssen Sie noch sorgfältiger darauf
achten, den Ring genau zu zentrieren, da Sie ihn nicht ein zweites Mal
rund drehen dürfen. Die Schrauben-
löcher auf beiden Seiten können Sie
später mit Schleifstaub und Leim
verschließen und, nachdem der
Leim trocken ist, verschleifen.

*Der Ring wird so aufgeschraubt, daß er
genau zentriert ist.*

An der Innen- und Außenkante wird
der Ring rund gedreht.

Mit der Formröhre erhält der Ring ein
Profil.

Der fertige Ring kann vom Lattenkreuz
abgenommen werden.

Handspiegel

Zur Herstellung des Handspiegels verwenden Sie nach Möglichkeit Kirschbaumholz. Es eignet sich aufgrund seiner Maserung und seiner Festigkeit besonders für dekorative kleine Gegenstände. Legen Sie die Scheibe mit der schöneren Maserung zunächst zur Seite, aus ihr wird später die Rückseite des Spiegels gefertigt. Ermitteln Sie den Mittelpunkt der ersten Scheibe, bringen die Bohrung für das Schraubenfutter an und spannen

diese Scheibe in die Drechselbank. Sie wird zunächst rund gedreht, dann drehen Sie die Rückseite glatt und stechen etwa 2 cm vom äußeren Rand ein. Die innerhalb des Einstichs liegende Fläche wird etwa 1,5 cm tief weggedreht. Prüfen Sie

Mit dem Zirkel wird das Maß des Spiegels abgenommen.

Die Außenseite des Rings erhält ein Profil.

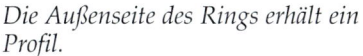

Der profilierte Ring kann abgestochen werden.

*Zum Abstechen des Rings bei aus-
laufender Drechselbank vorsichtig mit
dem Drehmeißel einstechen.*

mit dem Zirkel, ob das Spiegelglas
in den so entstandenen Falz paßt.

Spannen Sie die Scheibe umgekehrt in das Schraubenfutter und
drehen etwa 2,5 cm von der Außenkante in das Holz ein. Dies ist die
innere Kante des Rings, in den das
Spiegelglas eingelegt wird. Sie kön-

*Der Ring wird mit der linken Hand
aufgefangen, während die rechte den
Meißel führt.*

nen von innen etwas gegen diesen
Einstich andrehen, damit Sie genügend Platz zur Führung des Werkzeugs haben. Drehen Sie an den
Außenring ein Profil und stechen
Sie an der Innenkante so weit ein,
daß nur noch etwa 1 mm Holz stehenbleibt. Wenn der äußere Ring
fertig geschliffen ist, nehmen Sie
den Meißel, schalten die Drechselbank ab und stechen vorsichtig den
Ring von der Scheibe, so daß er mit
den letzten Umdrehungen der Bank
abfällt.

*Die Rückseite des Handspiegels erhält
ein Profil.*

Nun nehmen Sie die Scheibe für
die Rückseite des Spiegels und bohren im Mittelpunkt auf der Außenseite vorsichtig etwa 1 cm tief für
das Schraubenfutter ein. Sie dürfen
diese Scheibe nicht durchbohren,
denn das Bohrloch soll hinterher
nicht mehr sichtbar sein. Spannen
Sie die Scheibe in die Drechselbank
und drehen sie rund. Dann drehen
Sie an der Stirnseite eine gerade
Fläche an. Von außen erhält die

HANDSPIEGEL

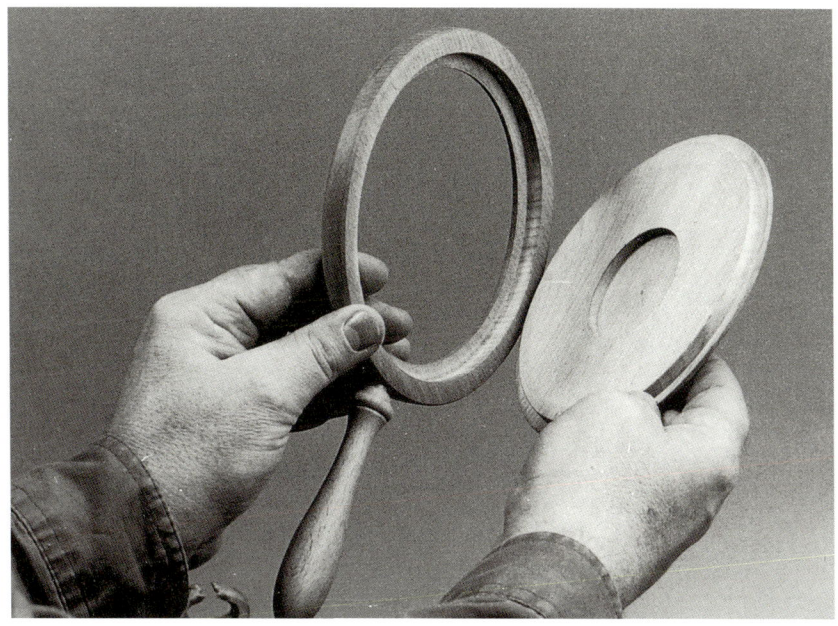

viel Holz weg, daß das Loch für das Schraubenfutter nicht mehr sichtbar ist. Dann können Sie der Rückseite ein Profil geben.

Als letztes schlagen Sie das Rundholz in ein passendes Spundfutter und drehen den Handgriff für den Spiegel. Er erhält einen Zapfen von 10 mm Durchmesser, mit dem er in ein entsprechendes Loch des äußeren Rings eingeleimt wird. Legen Sie das Spiegelglas in den Ring und leimen dann mit wenigen Leimpunkten die Rückseite in den Falz.

Ring und Rückseite werden probeweise zusammengesetzt.

Scheibe einen Falz von etwa 1 cm Tiefe. Einen weiteren Falz benötigen Sie in der Mitte, ebenfalls etwa 1 cm tief, mit dem die Scheibe danach ins Backenfutter eingespannt wird.

Nach dem Umdrehen der Scheibe nehmen Sie von der Rückseite so

Die Einzelteile des Handspiegels

Fertiger Handspiegel

Größere Drechselarbeiten

Zeitungshalter

Vorbereiten:
- *16 Rundhölzer, Durchmesser etwa 3 cm, Länge etwa 25 cm, für Leitersprossen und Querstäbe*
- *4 Rundhölzer, Durchmesser etwa 20 mm, Länge etwa 15 cm, für die Füße*
- *4 Kanthölzer, Querschnitt 40 x 40 mm, Länge etwa 40 cm, für die Holme*
- *Bodenbrett, Stärke etwa 25 mm, Maße etwa 15 x 40 cm*
- *Rundholz, Durchmesser etwa 40 mm, Länge etwa 45 cm, für den Griffstab*

Abstandhalter für Bohrer

Zum Bohren wird das Kantholz für den Holm auf den Bohrtisch gelegt.

Der Zeitungshalter wird aus vielen Einzelteilen zusammengesetzt, die z. T. in Serie gefertigt werden können. Beginnen Sie mit den Bohrungen für die Leitersprossen. Dazu benötigen Sie einen Tiefenanschlag für den Bohrer. Ein Beispiel sehen Sie auf dieser Seite: ein Holzröhrchen von entsprechender Länge, das über den Bohrer geschoben wird. Zum Bohren wird der Bohrer in die Drechselbank und das Kantholz auf einen Bohr- oder Schleiftisch gelegt, der in die Halterung der Werkzeugauflage eingespannt werden kann. Als nächstes spannen Sie das Kantholz in die Drechselbank, drehen es rund und stechen an den Enden Markierungen für einen Zierabschluß ein. An den markierten Stellen setzen Sie die Formröhre an und drehen einen halbrunden Abschluß, lassen aber einen kleinen Kegel stehen, den Sie am Schluß, wenn der Holm fertig gedreht ist, mit dem Drehmeißel abstechen.

Danach beginnen Sie mit der Herstellung der Sprossen. Alle Sprossen erhalten die gleiche Form, im gezeigten Beispiel einen Rundstab

Das mit Bohrungen versehene Kantholz wird zwischen Mitnehmer und Reitstock eingespannt.

Als nächstes drehen Sie die Füße, ebenfalls mit einfachen Formen. Am unteren Abschluß sind die Füße rund. Die Bohrungen für die Füße bringen Sie auf der Unterseite des Bodenbrettes an. Die Füße werden im gezeigten Beispiel rechtwinklig eingesetzt, was für das Bohren leichter ist. Wenn Sie die Füße schräg einsetzen wollen, müssen die Bohrungen im jeweils gleichen Winkel angebracht werden. Die Schräge der Bohrung ist mit zu berücksichtigen, falls Sie einen Abstandhalter beim Bohren verwenden. Die Füße müssen tief genug in das Holz eingesteckt werden, um genügend Halt zu haben. Stellen Sie das Bodenbrett mit den eingeleimten Füßen sofort auf eine ebene Fläche, solange der Leim noch nicht abgebunden hat, um eventuelle Ungleichmäßigkeiten

nach oben. Am oberen Ende wird ein Zierknopf angedreht, unten ein Viertelstab über dem Zapfen, mit dem der Stab eingeleimt wird. Stecken Sie nun probeweise die Leitern zusammen, verleimen jedoch Sprossen und Holme noch nicht.

Der runde Holm erhält Markierungen für den äußeren Abschluß.

in der Mitte und nach außen hin auf beiden Seiten ein langgezogenes Karnies. Der Durchmesser des Sprossenendes muß dem Durchmesser der Bohrungen im Holm entsprechen. Bei der Serienfertigung der Sprossen benötigen Sie bei solch einfachen Formen keine Drehschablone. Die Markierung für den Rundstab in der Mitte können Sie zunächst mit Bleistift, dann mit dem Drehmeißel anbringen. Bei der weiteren Gestaltung verlassen Sie sich ruhig auf Ihr Formgefühl. Es ist daher sinnvoll, die Sprossen nicht mit komplizierten Formen zu überladen.

Spannen Sie das Rundholz für den Griffstab in die Drechselbank zwischen Spindel und Reitstock. Den größten Durchmesser hat der Stab im unteren Drittel, von dort aus verjüngt er sich nach unten und

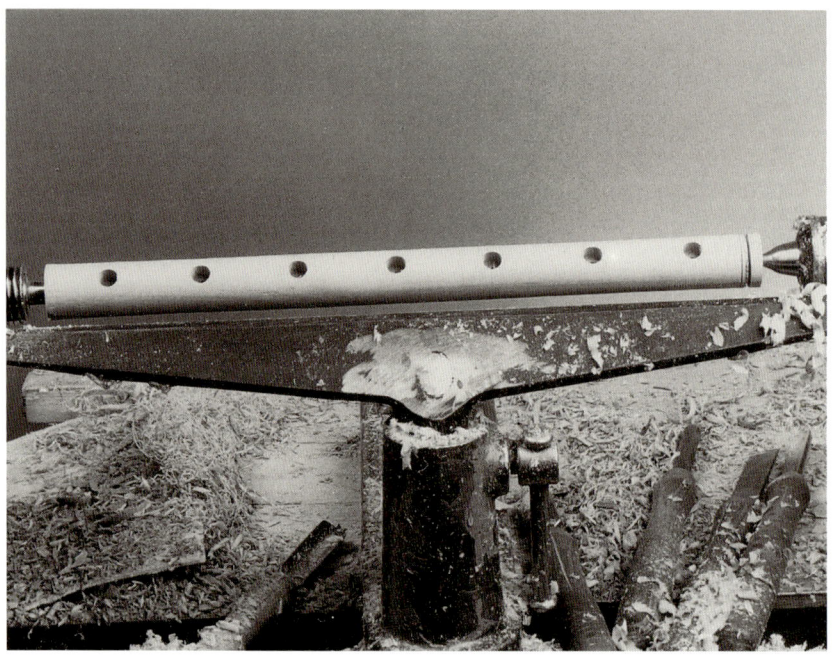

zwei Löcher an den Seiten für die Dübel, mit denen die Leitern des Zeitungshalters mit dem Bodenbrett verbunden werden, und eine weitere Bohrung genau in der Mitte des Bodenbrettes. Dort wird der Zapfen des Griffstabes eingeleimt. Alle Bohrungen des Bodenbrettes, sowohl die von oben als auch die für die Füße, dürfen nicht das Holz durchstoßen. Daher stets die Bohrtiefe genau ausmessen.

Jetzt fehlen nur noch die Bohrungen in den unteren Holmen der Leitern für die Dübel des Bodenbrettes und in den oberen Holmen für die beiden Quersprossen vorn und hinten. Den Winkel, in dem diese Bohrungen angebracht werden, sollten Sie vorher anhand einer Skizze auf dem Papier ermitteln. Beim Bohren können Sie die Leitern durch entsprechend dicke Unterlagen schräg

Mit der Formröhre wird ein halbrunder Abschluß gedreht.

auszugleichen, indem Sie die betreffenden Füße entweder weiter herausziehen oder tiefer ins Bodenbrett einschlagen. Bevor Sie die Füße einleimen, sollten Sie jedoch die Bohrungen an der Oberseite des Bodenbrettes anbringen. Dies sind jeweils

Der Abschluß wird bis auf einen kleinen Kegel fertiggestellt.

Zum Schluß wird der Kegel mit dem Drehmeißel abgestochen.

Markierung für den Rundstab in der Mitte der Sprosse

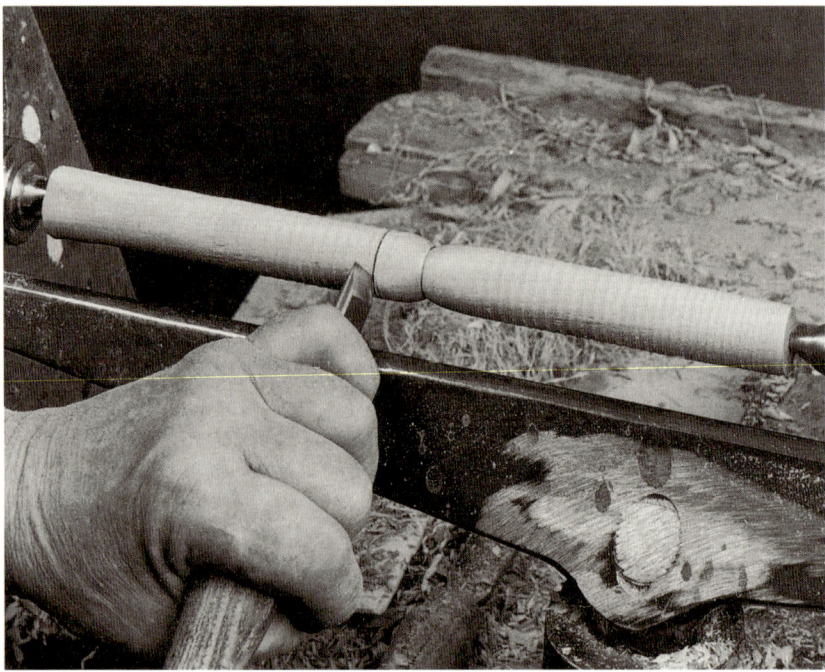

Fertige Sprosse

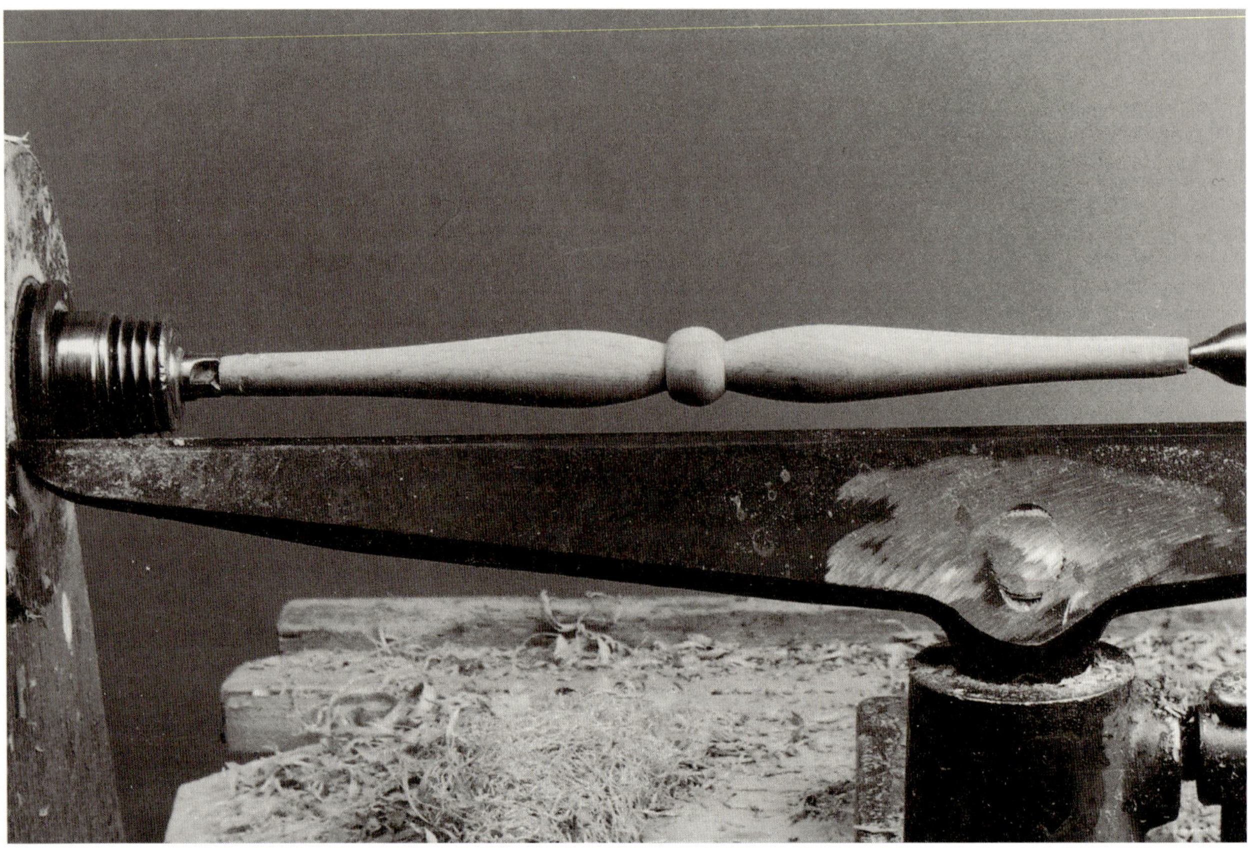

stellen, damit der richtige Bohrwinkel erreicht wird.

Stecken Sie probeweise alle Teile des Zeitungshalters zusammen, und erst wenn keine Korrekturen mehr nötig sind, können die Teile zusammengeleimt werden.

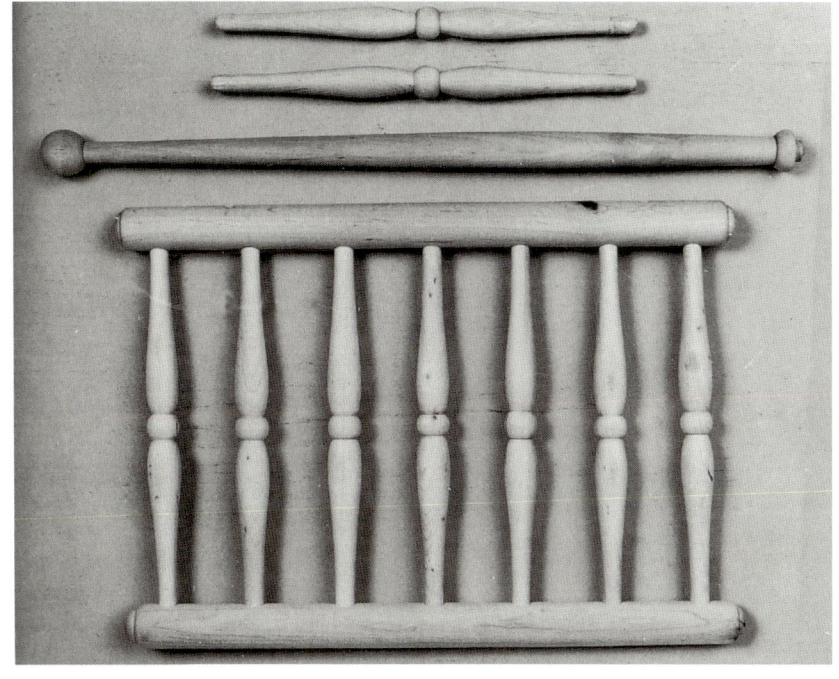

Die Leiter wird probeweise zusammengesteckt. Auch die Querstäbe und der Griffstab sind fertig.

Bodenbrett mit Füßen und Griffstab

Windung
(Flämische Säule)

Vorbereiten:
– ein Holz von etwa 35 – 40 cm
  Länge und 60 mm Durchmesser
  zwischen Mitnehmer und Reit-
  stock in die Drechselbank
  einspannen
– das Kantholz zylindrisch drech-
  seln und schlichten

Die Windung ist eine Drechslerarbeit, die bei stehender Bank ausgeführt wird. Als erstes legen Sie die
Steigung oder Ganghöhe der Windung fest. Das ist der Abstand
zwischen Beginn und Ende eines
vollständigen Umlaufs der gewun-
denen Linie in Längsrichtung. Im
gezeigten Beispiel ist die Ganghöhe
das Doppelte des Durchmessers der
Säule. Um die Spirallinie einzeichnen zu können, teilen Sie den
Umfang in vier gleiche Teile, indem
Sie vier Linien parallel zur Achse
ziehen. Auch den Abschnitt einer
Ganghöhe unterteilen Sie in vier
gleiche Teile. Auf diese Weise erhalten Sie ein Gitternetz, in das Sie nun
die Spirallinien einzeichnen können, jeweils als Diagonalen der einzelnen Gittervierecke. Zeichnen Sie
zunächst die Spirallinie für die
Hohlkehle und anschließend, um
zwei Felder versetzt (d. h. auf der
gegenüberliegenden Seite der Säule
beginnend), die Linie für den Wulst.
Mit einer Feinsäge oder einem
Fuchsschwanz sägen Sie nun entlang der Tiefenlinie etwa 2 cm tief
ein. Beginnen Sie vorsichtig, von
links und von rechts zur Tiefenlinie
hin, Holz wegzustemmen. Nachdem Sie die Tiefenlinie mit einem
Hohlbeitel gesäubert haben, ist die
grobe Form der Windung bereits zu
erkennen.

Im nächsten Arbeitsgang raspeln
Sie mit einer Halbrundraspel die
Übergänge vom Wulst zur Tiefen-
linie rund, und zwar mit der flachen

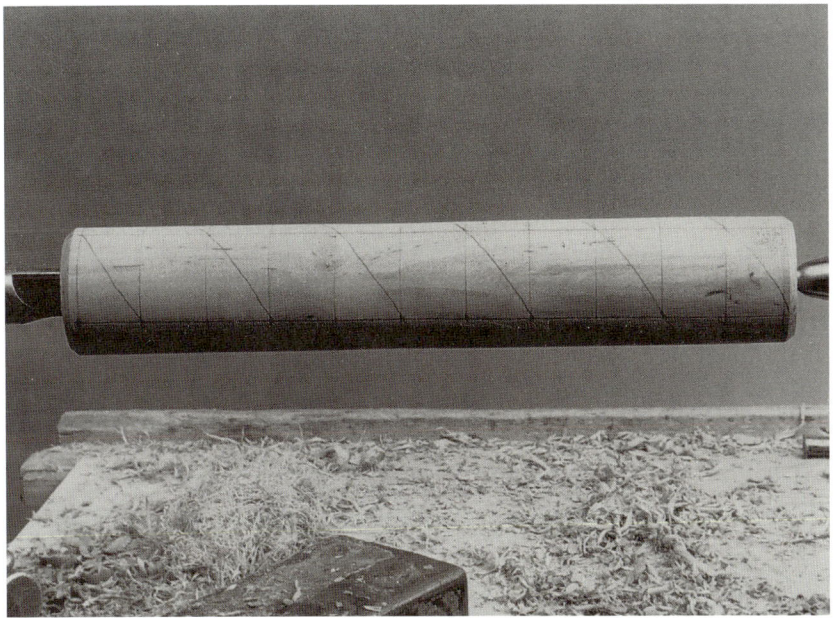

Auf dem Rundholz sind die Linien des Gitters, der Tiefenlinie und des Wulstes angezeichnet.

wieder nach oben müssen in einem gleichmäßigen sanften Bogen erfolgen. Üben Sie keinen allzu großen Druck auf das Werkzeug aus, vor allem nicht auf die Raspel, wenn Sie bereits im fortgeschrittenen Stadium der Bearbeitung sind, um nicht unnötig Material abzunehmen. Sie haben leicht die ganze Säule mit einem einzigen Raspelstrich verdorben. Wenn Sie an einer Stelle zu tief geraspelt haben, müssen Sie, um den Fehler auszugleichen, die gesamte Windung nachbearbeiten. Nach dem Feilen schleifen Sie die Windung mit Schmirgelpapier, beginnend mit Körnung 60. Ganz zum Schluß können Sie das Werkstück mit Stahlwolle abreiben.

Wenn Sie für ein Möbelstück oder zu einem anderen Zweck zwei Säulen nebeneinanderstellen wollen,

Seite im Übergang vom Wulst zur Hohlkehle, mit der halbrunden Seite in der Hohlkehle. Das gleiche wiederholen Sie mit einer halbrunden Feile. Das Ausraspeln muß sehr sorgfältig vorgenommen werden, denn dabei erhält die Windung ihre endgültige Form. Die Übergänge von der Höhen- zur Tiefenlinie und

Einsägen entlang der Tiefenlinie

Von der Seite her wird die Tiefenlinie ausgestemmt.

*Zum Säubern der Tiefenlinie verwenden
Sie einen Hohlbeitel.*

*Nach dem Ausstemmen ist die grobe
Form der Windung fertig.*

müssen Sie darauf achten, daß die
Windungen gegenläufig bearbeitet
werden, so daß Sie eine linke und
eine rechte Säule bekommen. Für
die Herstellung gewundener Säulen
muß man sich genügend Zeit nehmen und sehr sorgfältig arbeiten,
denn die kleinste Unregelmäßigkeit
in der Windung oder im Übergang
von der Hohlkehle zum Wulst fällt
sofort ins Auge, vor allem wenn
zwei Säulen nebeneinandergestellt
sind.

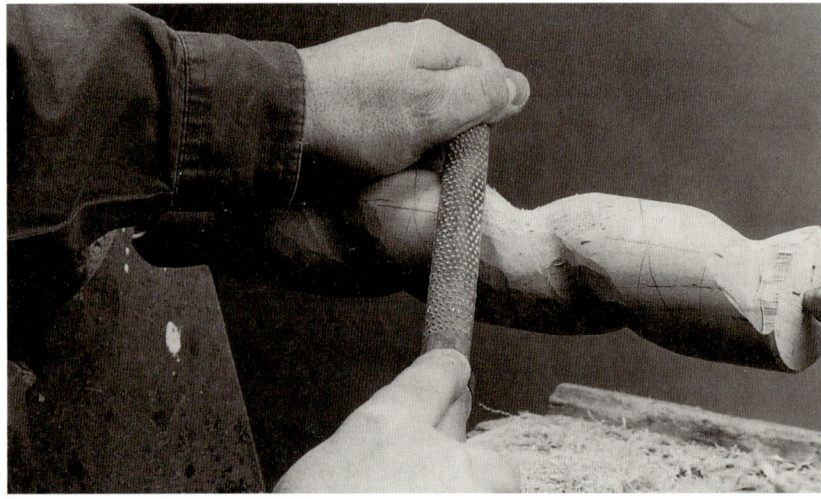

*Mit der Raspel werden die Übergänge
vorsichtig gerundet.*

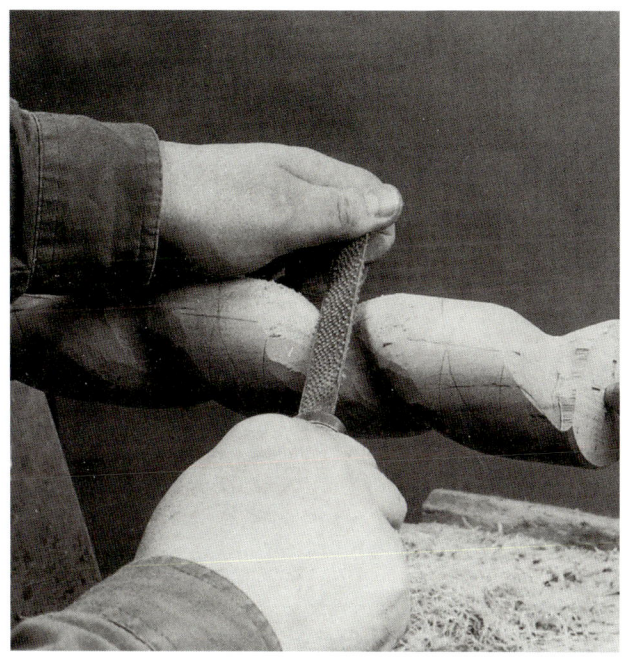

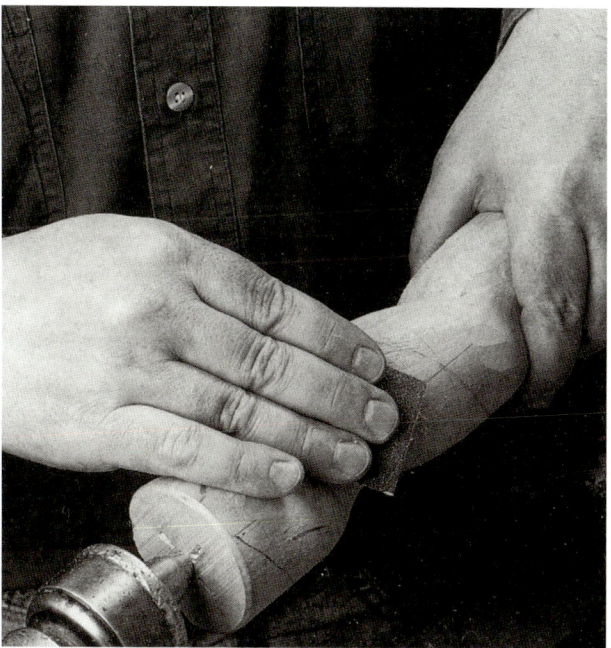

Zum Glätten der Form verwenden Sie eine Halbrundfeile.

Abschließend wird die Windung geschliffen.

Die Flämische Säule ist fertig.

Kronleuchter

Für einen Kronleuchter benötigen Sie eine ganze Reihe sehr unterschiedlicher Einzelteile: fünf Halbringe, ein Mittelstück mit Deckel, einen Schaft mit Baldachin, fünf kleine Schalen, fünf Fassungshalter, dazu Installationsmaterial wie Kabel, Lüsterklemmen, Fassungen für Kerzenbirnen (E 14) sowie eine Aufhängevorrichtung.

Bei der Herstellung beginnen Sie mit den Halbringen. Dazu sägen Sie fünf Scheiben aus (Durchmesser 20 cm, Stärke 3 cm). Spannen Sie die Scheiben in das Schraubenfutter und drehen an der linken Seite eine Nut von 15 mm Breite und 8 mm Tiefe ein. Dann drehen Sie die Scheibe um, formen an der Außenseite ein Profil in einer Breite von 3 cm und stechen zum Schluß diesen Profilring ab. Er wird in der Mitte durchgesägt, und die beiden Hälften ergeben zusammengelegt den benötigten Halbring mit einer Kabelnut in der Mitte. Beim Zusammenleimen der beiden Teile des

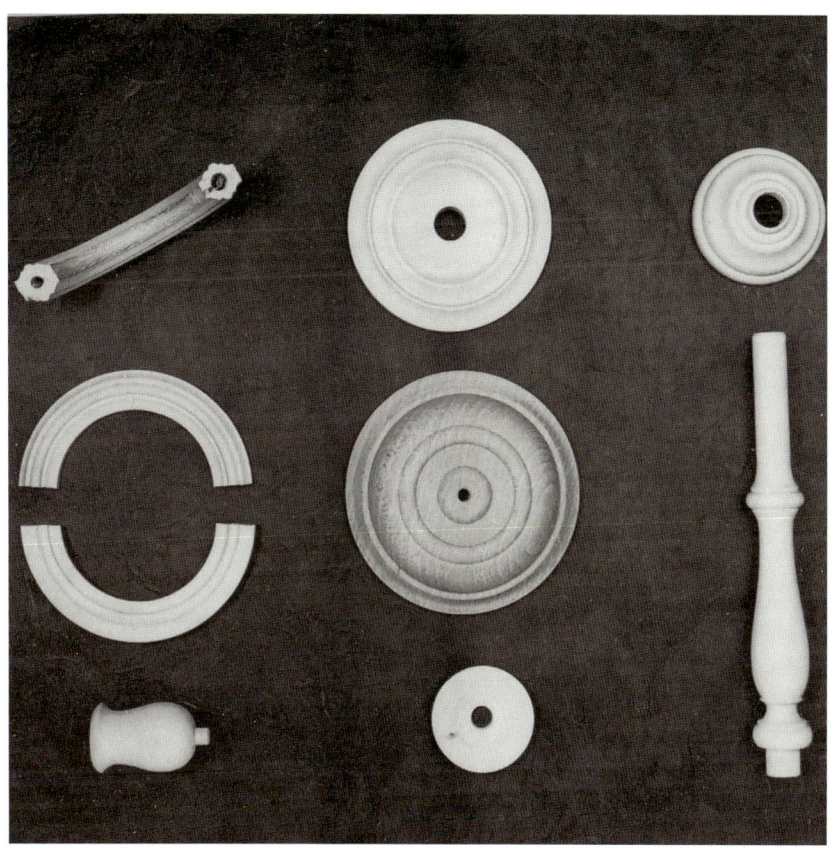

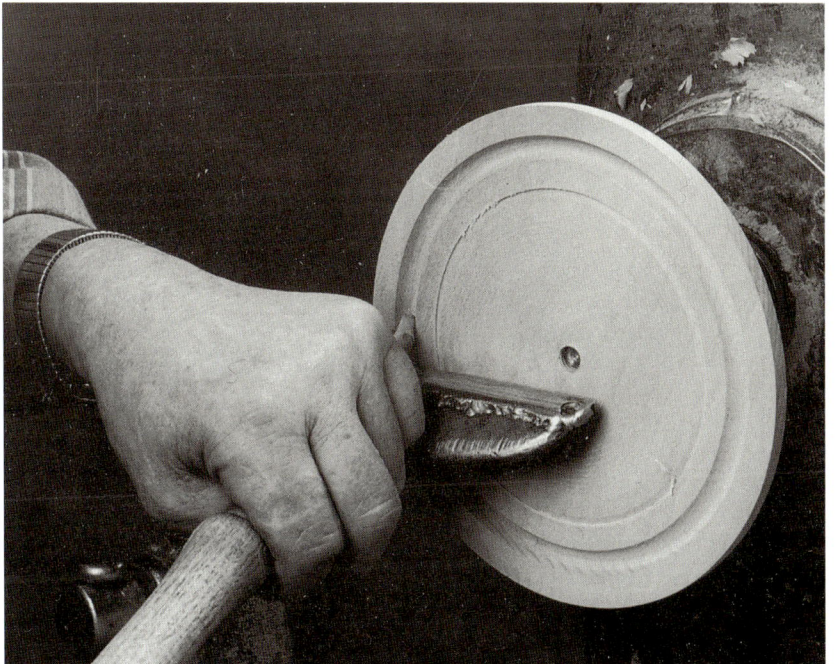

Für den Kronleuchter sind eine Reihe sehr unterschiedlicher Einzelteile zu fertigen.

Die Scheiben für die Halbringe erhalten auf der linken Seite eine Kabelnut.

Halbrings darf nicht allzu viel Leim aufgetragen werden, damit er nicht in die Nut läuft und den Durchgang für das Kabel verengt.

Als nächstes drehen Sie das Mittelstück. Die Scheibe für das Mittelstück hat etwa 15 cm Durchmesser und ist 8 cm stark. Spannen Sie das Holz in das Schraubenfutter und drehen Sie die Scheibe innen etwa 5 cm tief aus. Der Durchmesser der Höhlung beträgt etwa 10 cm. Dann spannen Sie das Mittelstück umge-

Abfolge der Arbeitsschritte bei der Herstellung eines Halbrings

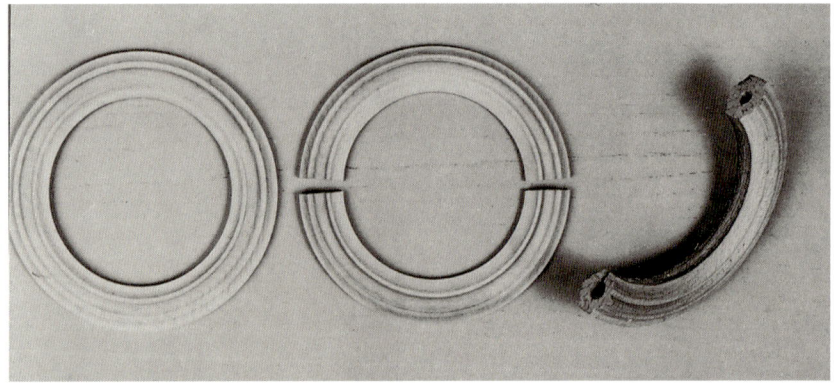

Das Mittelstück wird innen ausgedreht, damit es die Installation aufnehmen kann.

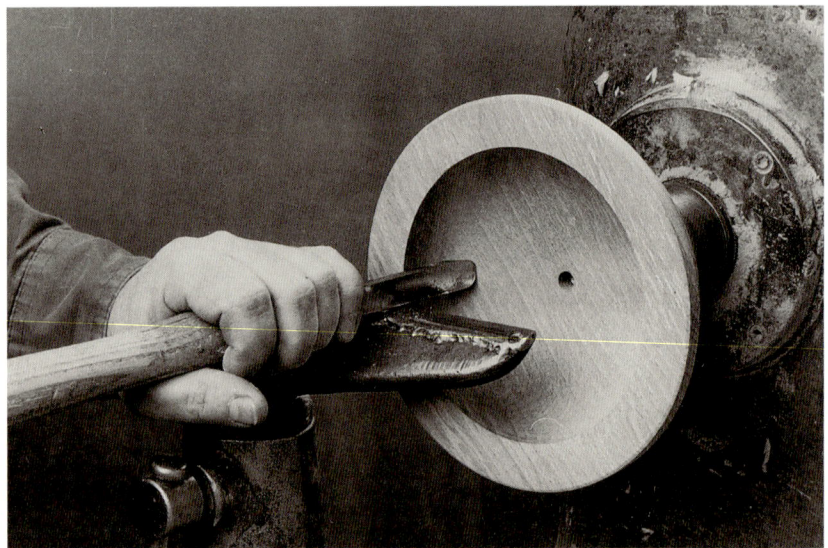

kehrt in das Schraubenfutter und drehen von außen ein Profil an. Achten Sie darauf, daß Sie den oberen Teil des Außenprofils so gestalten, daß die Halbringe gut anliegen. Sie bekommen dann beim Verleimen einen besseren Halt.

Für den Schaft, der die Verbindung zwischen dem Mittelstück und dem Baldachin darstellt, benötigen Sie ein Rundholz von etwa 5 cm Durchmesser. Seine Länge richtet sich nach der Höhe des Raumes, für den der Leuchter bestimmt ist. Schlagen Sie das Rundholz in ein Spundfutter ein und bohren mit einem Löffelbohrer ein etwa 10–12 mm großes Loch durch das Holz. Das äußere Profil sollte so gestaltet sein, daß der Schaft im oberen Drittel ein gerades Stück von etwa 15–20 cm Länge und 20 mm Durchmesser aufweist, um genügend Spielraum für das Einsetzen des Baldachins zu haben. Am unteren Ende drehen Sie einen kurzen Ansatz, der ebenfalls 20 mm Durchmesser hat und in den Deckel für das Mittelstück eingepaßt wird.

Der Baldachin hat etwa 12 cm Durchmesser, ist 4 cm stark und wird, ähnlich wie das Mittelstück, innen für die Installation ausge-

Der Innendurchmesser des Mittelstücks beträgt etwa 10 cm.

dreht. Für die Herstellung des Außenprofils spannen Sie den Baldachin am besten in das Backenfutter (mit Innenbacken), damit Sie auch die Öffnung für den Schaft herstellen können.

Der Deckel für das Mittelstück kann leicht gewölbt sein; sein Durchmesser ist kleiner als der des Mittelstücks (etwa 13 cm). Wenn der Deckel innen leicht hohl gedreht wird, haben Sie für die Installation im Mittelstück mehr Platz. Sie können den Deckel und den Schaft nun zusammenstecken und miteinander verleimen.

Es fehlen für den Kronleuchter noch fünf kleine Schalen und fünf Halterungen für die Fassungen der Kerzenbirnen. Die Fassungen müssen gut in die Halterungen hineinpassen, aber die Halterungen dürfen andererseits auch nicht zu eng sein. Schlagen Sie das Holz für die Halterungen in ein Spundfutter und drehen mit der Formröhre das Holz passend für die Fassungen aus. Jede Halterung erhält unten eine Bohrung von etwa 8 mm Durchmesser. Die äußere Form kann eine Tulpenform sein oder ein anderes Profil erhalten. Passend zum hohlen Zapfen an der Unterseite der Halterung drehen Sie eine kleine Schale, die zwischen Fassungshalter und Halbring eingesetzt wird.

Markieren Sie nun am Mittelstück in fünf gleichmäßigen Abständen die Punkte, an denen die Halbringe befestigt werden. Bohren Sie dort Löcher zum Durchstecken des Kabels. In gleicher Höhe und mit gleichem Durchmesser bohren Sie von der Seite in die Halbringe, so daß sie an der Oberkante des Mittelstücks angesetzt werden können. Die Zapfen an den Fassungshaltern müssen auf das äußere Ende der Halbringe passen, und sie müssen lang genug sein, daß der kleine Zierteller dazwischenpaßt. Schieben Sie die Kabel durch die Bohrungen des Mittelstücks und durch die Kabelnut der Halbringe und leimen Sie die Halbringe an das Mittel-

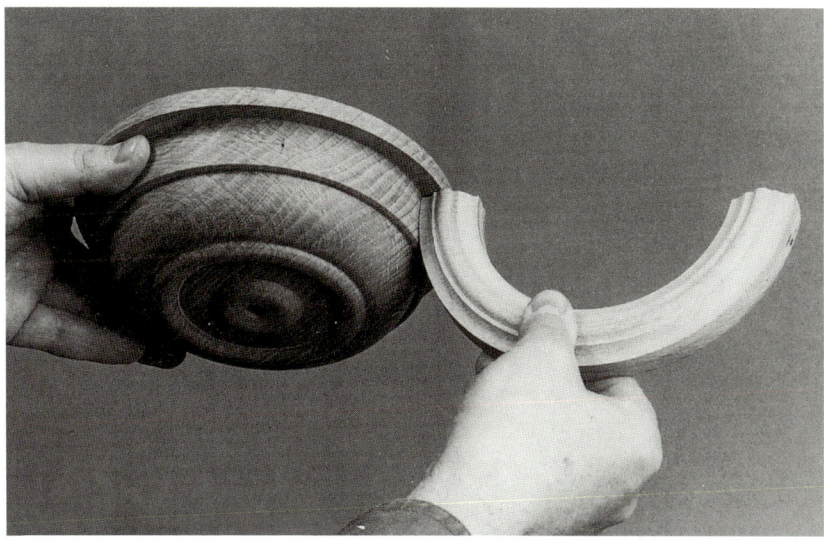

Das Außenprofil des Mittelstücks muß so gestaltet sein, daß die Halbringe gut anliegen.

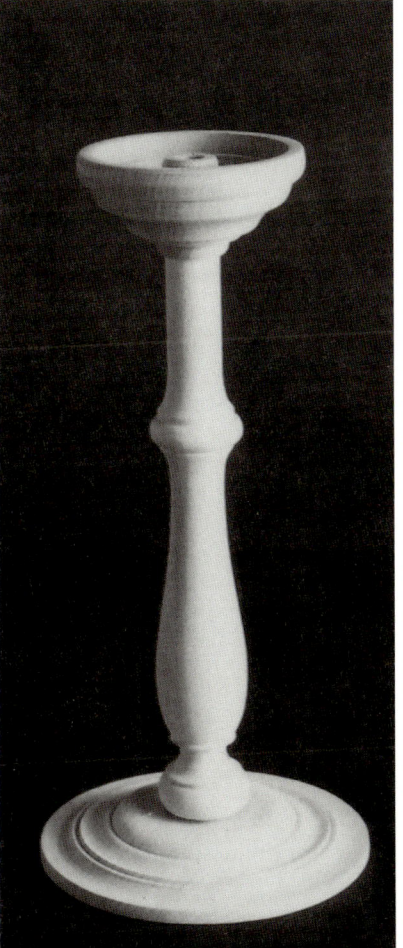

stück. Nach dem Abbinden des Leims setzen Sie die Teller und die Fassungshalter auf und montieren die Fassungen. Wenn die Installation im Mittelstück fertiggestellt ist, schieben Sie das Kabel, das zur Decke führt, durch Deckel und Schaft und befestigen den Deckel mit Schrauben auf dem Mittelstück. Am oberen Ende des Schaftes bringen Sie die Aufhängevorrichtung an, nachdem Sie den Baldachin darübergeschoben haben. Sie können nun den Kronleuchter an der Decke montieren. Der Baldachin wird hochgeschoben, so daß er Installation und Aufhängung verdeckt, und am Schaft mit einer kleinen Schraube befestigt, damit er nicht herabrutschen kann.

Der Schaft wird mit dem Deckel verleimt, der Baldachin wird lose über das andere Ende des Schafts geschoben.

Halbring, Schale und Fassungshalter

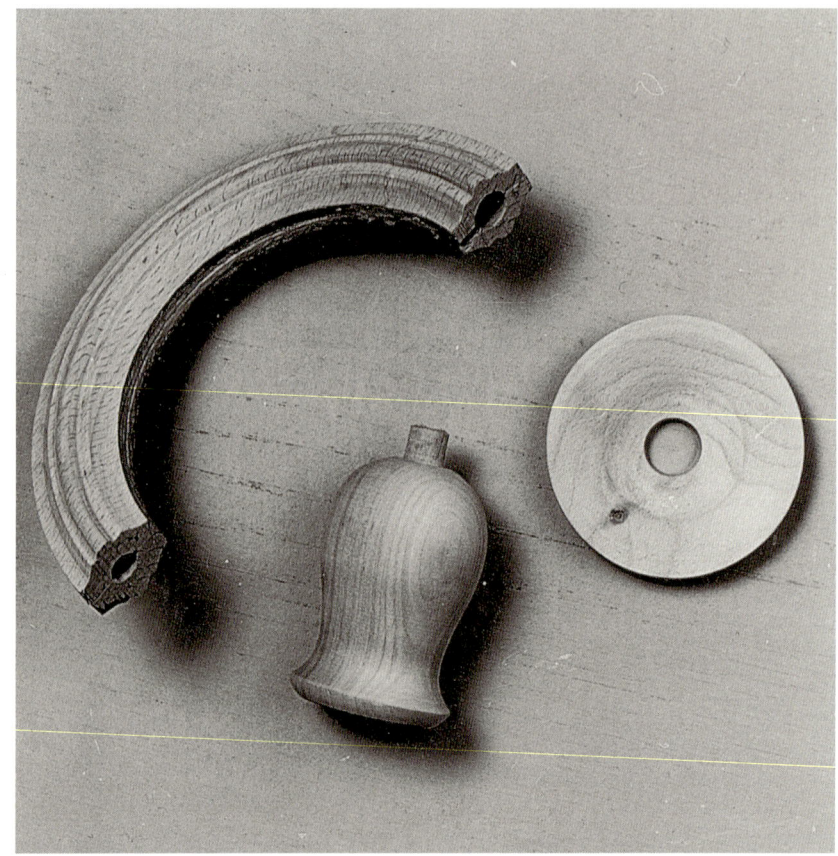

Bevor der Halbring mit Fassungshalter an das Mittelstück geleimt wird, ist es sinnvoll, das Kabel durch die Bohrungen zu schieben.

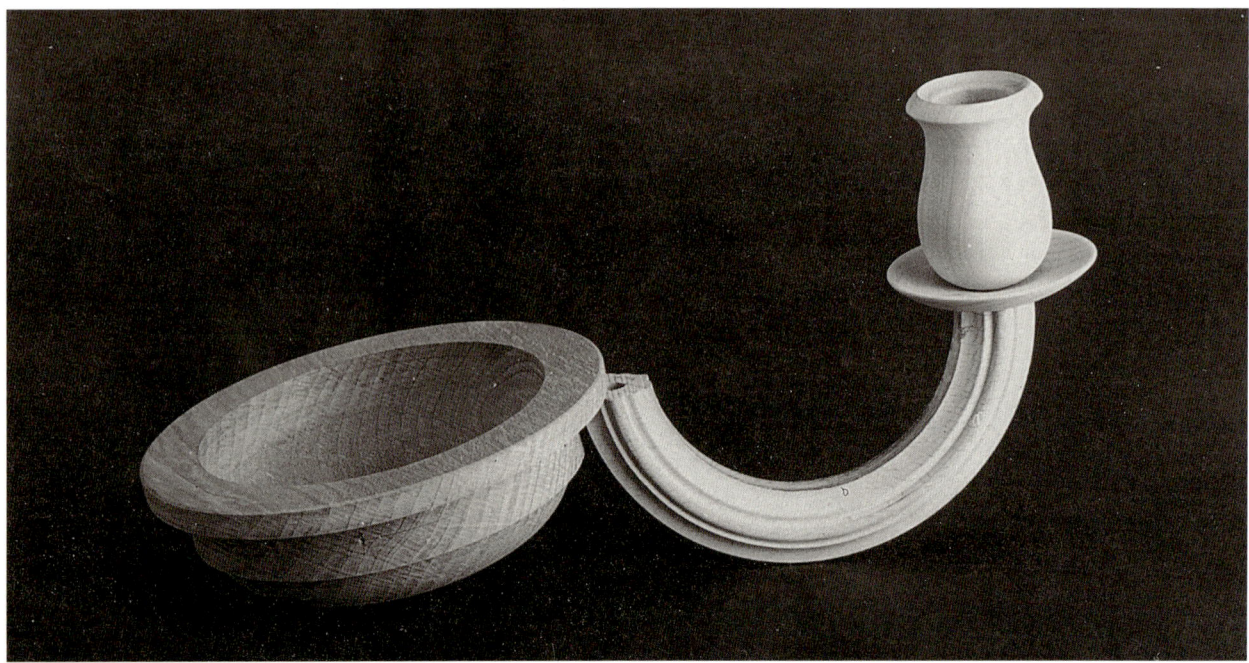